727 型客機在機尾處有通往地面的樓梯，庫柏就是從這裡跳傘脫逃。參見本書第四章。圖為與庫柏劫機案同型式的波音 727-21C 型客機機尾門，攝於 1971 年的西柏林騰柏霍夫（Tempelhof）機場。（圖：取自 https://www.pbase.com/image/80175744，Tom Briggs 授權使用）

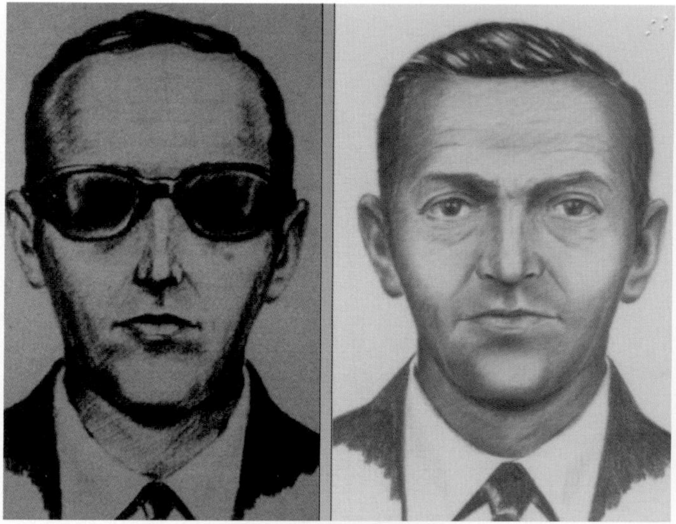

庫柏劫機案發生後，聯邦調查局依照目擊者的描述，請繪師畫出嫌犯可能的長相。參見本書第四章。（圖：FBI 檔案）

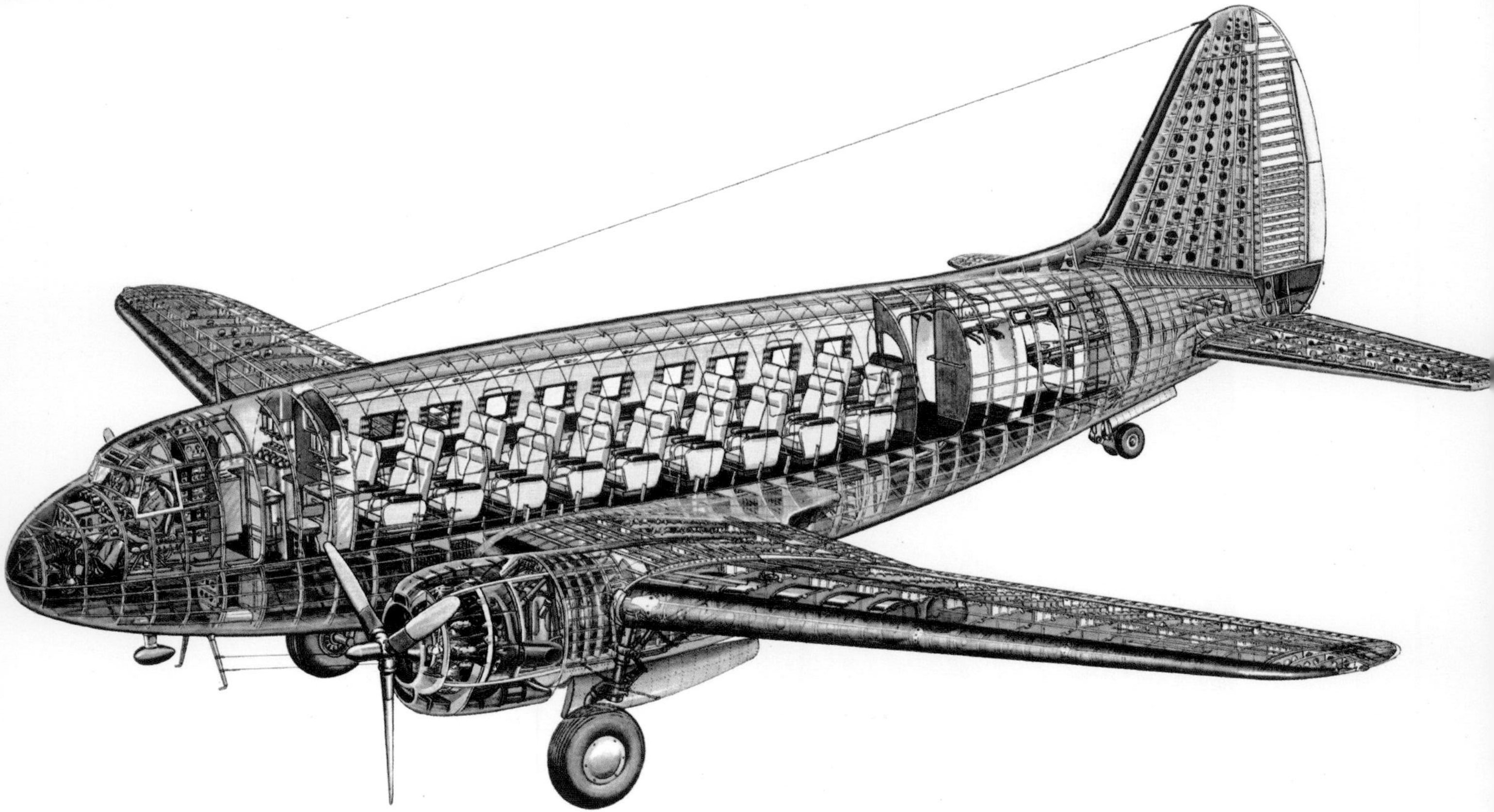

從 C-46 型客機的剖面圖，不難想像距今 50 多年前，民航空運公司班機被劫持時機內的景象。參見本書第二章。（圖：FLYING, June 1945, R.G. Smith and R. J. Poole. Larry McClellan, http://legendsintheirowntime 授權使用。）

1967

October						
SUN	MON	TUE	WED	THU	FRI	SAT
1	2	3	4	5	6	7
8	9	10	11	12	13	14
15	16	17	18	19	20	21
22	23	24	25	26	27	28
29	30	31				

November						
SUN	MON	TUE	WED	THU	FRI	SAT
			1	2	3	4
5	6	7	8	9	10	11
12	13	14	15	16	17	18
19	20	21	22	23	24	25
26	27	28	29	30		

December						
SUN	MON	TUE	WED	THU	FRI	SAT
					1	2
3	4	5	6	7	8	9
10	11	12	13	14	15	16
17	18	19	20	21	22	23
24/31	25	26	27	28	29	30

1968

January						
SUN	MON	TUE	WED	THU	FRI	SAT
	1	2	3	4	5	6
7	8	9	10	11	12	13
14	15	16	17	18	19	20
21	22	23	24	25	26	27
28	29	30	31			

February						
SUN	MON	TUE	WED	THU	FRI	SAT
				1	2	3
4	5	6	7	8	9	10
11	12	13	14	15	16	17
18	19	20	21	22	23	24
25	26	27	28	29		

May						
SUN	MON	TUE	WED	THU	FRI	SAT
			1	2	3	4
5	6	7	8	9	10	11
12	13	14	15	16	17	18
19	20	21	22	23	24	25
26	27	28	29	30	31	

ROUND TRIP EXCURSION FARES

** Taipei–Hongkong	US$100.00
Bangkok–Osaka	US$352.80
Bangkok–Tokyo	US$352.80

** Applicable from Taipei to Hongkong and return only.

For details, consult your travel agent or CAT Booking Office

民航空運公司印製的 1968 年月曆，竟然漏掉了 3 月、4 月這兩個月份，而在 5 月份終結。彷彿預示了該公司會在當年 2 月間摔機，3 月份飛行員被起訴，到了 5 月份公司就倒閉了。參見本書第七章。（圖：張崇斌提供）

環球航空 800 次班機的失事，充滿了難以解釋的神秘面向。參見本書第五章。圖中的飛機就是在 1996 年 7 月 17 日當晚擔任 800 次班機而失事的那一架客機。本圖攝於 1993 年的蘇黎世機場。（圖：Propfreak Photography 授權使用）

民航空運公司 C-46 型客機在台中神岡因劫機而墜毀。在墜機處，今日尚可見到留有紀念碑一塊。參見本書第二章。（圖：遠流出版公司）

圖中的這架飛機，於 2014 年 3 月 8 日執行馬航 370 次班機任務的時候神秘失蹤，至今尚未尋獲，亦無法解釋該機失蹤的原因。參見本書第三章。本圖攝於 2014 年 2 月 10 號的北京，不到一個月之後，這架飛機就消失了。（圖：Allen Zhao 授權使用）

與馬航 370 班機同型式的波音 777-2H6/ER 型客機。圖中的這架飛機，在馬航 370 班機神秘失蹤的 5 個月以後，於執行馬航 017 班次的時候，在烏克蘭東方被親俄叛軍以飛彈擊落。本圖攝於 2013 年 1 月，澳洲雪梨。（圖：Steve Austen 授權使用）

消失的航班

美國航太專家解密當代民航七宗驚人懸案

The Vanished Airliners:

Seven Cases of Discoveries, Disappearances, and Baffling Events in Modern Commercial Aviation History

美國航太國防工業、洛克希德馬汀公司工程師

王立楨 —— 著

目次

Contents

推薦序

從我飛七四七的經驗看這本書

二十多年前，有次我和空軍的老弟聊到我在美國接受U-2型高空偵察機飛行訓練的往事。話題聊到我當年在洛克希德公司受訓時的飛行教官比爾．帕克（Bill Park）——真正的飛行天才，傳奇試飛員。在洛克希德公司試飛員任內，他飛過幾十種飛機，不管哪種飛機在他手裡都會被駕馭得服服貼貼的。試飛生涯間他四次遭逢嚴重的機件故障，每次都能從故障的飛機中跳傘成功。這種飛行紀錄真的精彩，大概以後也沒人能打破吧。

和我聊天的老弟隨口問了一句：「那你和比爾．帕克還有聯絡嗎？」我心裡一怔，實在很遺憾，沒有。我只記得他是洛克希德公司的試飛員，除此之外我對他彷彿一無所知。今天大家會覺得這種情況太誇張，連老師都沒聯絡。不過當年我們的受訓都屬極度機密，彼此之間沒什麼聯繫，也是很正常的。

那位老弟聽了之後告訴我，他有一位朋友是在洛克希德任職的工程師，說不定可以替我去找一下那位教官。我聽了還勸他別麻煩了，因為洛克希德公司這麼大，全球有十幾萬員工，要怎麼找？況且我認為比爾·帕克應該早就已經退休，所以我覺得這樣是找不到的。

沒想到，才不到一個星期，空軍老弟就告訴我，他的朋友已經替我要到了比爾的電話！我驚訝不已，立刻拿起電話，照著那個號碼打到美國，接通的那個瞬間話筒傳出一聲Hello……我激動得快要哭了，那個聲音，那個人，真的是我的教官！

幾天後我趁著飛到洛杉磯之便，就去拜望失聯多年的比爾教官。回想起來，真是一次非常溫馨的聚會。

然後，我也在洛杉磯遇到了替我找到我教官的人——王立楨先生。我記得第一次在旅館和他聊天時，真是不敢相信，他對空軍還有航空歷史怎麼如此的熟悉。不管我說空軍或民航的哪一個故事，他好像都知道的比我清楚，加上他航空工程師的背景，更可以從機件或系統的角度來解釋每一次飛行事故。

當時我就想，他應該把他知道的事寫成書，讓一般人知道空軍曾發生過哪些動人的故事。但我也知道他高中沒畢業就離開台灣了，所以我覺得他可能缺乏足夠的中文程度吧。

沒想到，他在這方面也讓我跌破眼鏡。《飛行員的故事》系列書籍一本一本出版，還有幾位將軍及中華民國第一位民航飛行員的回憶錄，也在這幾年相繼問世，使得過去只是口語相傳的故事，終於得以留下紀錄。

兩年前他推出的《飛航解密》是我最佩服的書。他不但用敘述的方法將那些飛航事故娓娓道來，更深入淺出地把書中每一件失事緣由解釋得清清楚楚。我想，原因應該就是他航空工程師的背景。

這次，他又把民航界的著名懸疑案件，寫成各位讀者手上的這本《消失的航班》，其中有我們熟悉的民航空運公司 C-46 型客機在台中神岡墜落的事件，以及馬來西亞航空公司第三七〇次班機失蹤的故事。但是我卻對書中有關環球航空八〇〇次航班的故事特別感興趣，因為我曾飛波音七四七多年，對飛機的性能及系統有一定程度的理解。隨著他的筆跡，我對環球航空的失事有了新的認識。現在我可以很肯定地對人說：環球航空的那架波音七四七，一定是被飛彈打下來的。

在此，我要鄭重向喜愛航空的朋友推薦這本書，因為在本書裡，你不但可以讀到七個航空界的懸疑故事，更可以了解那些故事後面一些不為人知的細節！

蔡盛雄　前波音七四七機長、中華民國空軍最後一位 U-2 飛行員／口述

遠流出版／紀錄

推薦序

航空界的故事會一代一代流傳下去

我從小就「知道」王立楨這位表哥，家父與王立楨的母親是表親。不過我們住岡山，他們住苗栗，僅止於此。三十多年後我們基於同樣的航空產業與專業興趣，重新彼此「認識」。這次的相識，超越了地理區域的分隔，不再是表面上的、淺層的「知道」而已。我們常在一起討論飛行，交換訊息，亦師亦友亦親戚，在人生的旅途上實在珍貴。

巧的是，在《消失的航班》這本書裡，也呈現出王立楨從小「知道」航空、對航空產生興趣，到長大後進入這個產業成為專家，真正「認識」它裡面細節的一個過程。不必我贅言，王立楨書寫的民航、軍航書籍都有堅強的可信度與考證。這本書也一樣。

自從「認識」了我這位表哥之後，我也漸受他影響，開始從不同的角度思考我的工作。我在機上大部分時間都是專注在飛行工作上，套句航空界的老笑話：我們在前艙的人，只是不斷尋找 matching needles ——留意儀錶上指針的位置是否正確。現在的飛行員少看「指針」了，但那份警戒、專注並沒有什麼不同。

不過，有時我回想起某一段航程，或某次經驗，會發現自己竟然用不同的方法來想像：在風中在雨中，在白晝的冰雪或黑夜的氣流下，我們維持機翼水平，側風使機身與跑道呈現角度，七四七機腹的十六個主輪觸地之際，燒掉些橡膠，一陣淡淡的煙霧飄散在飛機後方；有時進入條件欠佳的機場，或者輕輕落在永遠不沈睡的繁華大城……這些畫面，偶爾會在我下機後不經意之際跑出來。我不得不說，是王立楨的書為我的「機械腦」添加了一點點「浪漫腦」。

走筆至此，想起民航界一代又一代的人員、設備不斷轉換，唯有各種精彩的故事，透過如《消失的航班》這種書籍，能夠長遠流傳。雖然全球各大機場現在越來越少見到波音七四七「空中女王」的美麗身影，但我相信，王立楨一定會讓「她」的迷人線條，活在每一位航空迷的心中。

周燕弘　波音七四七機長

自序

原因我已經懂了

民國五十三年六月中旬，亞洲影展首度來到台北舉行。年紀還小的我，花了很多時間注意影展的新聞，原因不是我著迷哪一位明星，而是當年韓國參展的影片《紅巾特攻隊》，是一部以南、北韓之間的空戰為背景的電影。我一直希望在影展期間就能看到《紅巾特攻隊》，但直到影展閉幕，都沒有該片上映的消息。

雖然《紅巾特攻隊》沒有在影展期間放演，我在影展結束後仍然天天注意報紙上有沒有更多《紅巾特攻隊》的消息。就在那幾天閱讀報紙的時候，我讀到了此生第一件空難報導。

那是亞洲影展剛剛結束之際，來台參加影展的馬來西亞電影大亨陸運濤先生在台中參觀故宮博物院之後，搭機返回台北途中，飛機失事，機上人員全部罹難。

這個失事案件在當時是個很大的新聞，所有報章雜誌都以極為顯著的篇幅來報導。年僅十二歲的我也天天到圖書館翻閱每一份報紙及雜誌，就是希望能由報導中，多了解一些飛機為什麼會「失事」的原因。

我記得聯合報曾報導，失事現場發現了兩本很厚的英文書籍，書的內頁被挖空成手槍的形狀，同時又在現場發現了兩把手槍。我清晰的記得這個發現在當時引起了軒然大波，一般人在街頭巷尾所談論的，都是有人企圖利用那兩把槍劫持飛機。然而，平時對一般芝麻蒜皮的事都要查清楚的警備司令部，卻一反常態地不斷表示「手槍不見得與飛機失事有關」！

後來連續幾天，報紙上開始報導那架飛機其實是發動機發生故障，而飛行員在處理故障情況時，操縱錯誤，繼而導致飛機失事。

當時民航局雖然明確指出飛機是因為「左發動機超速」而致失事，並列出了許多我還不懂的工程名詞及現象，如：歧管壓力、槳葉角及失速……等，來解釋飛機失事的原因，可是年幼的我卻直覺認為，手槍與失事應該有絕對的因果關係！

記得那時我曾試著將自己的「直覺」寫出來，但因為當時的我完全不了解飛機，所以根本無法從科學的角度來反駁民航局的論點，僅能綜合幾家報章的報導，寫成了一篇自認為不錯的「論說文」。家父讀了我的文章之後，將文章內我所指出的幾個問題拿出來進一步反問我，我當然無法給他一個滿意的答覆。

於是，他對我說了一句我一直牢記到今天的話。他說：「如果你自己都不懂你所寫的東西，你怎麼能希望讀你文章的人去了解你要表達的事？」

物換星移，時光巨輪快速往前進入一九八三年，我已經在康乃迪克州米德市（Middletown）的普惠飛機發動機公司（Pratt & Whiney）任職。那年九月一架韓航由紐約前往漢城（今已改稱首爾）的〇〇七次班機（一架波音七四七飛機），在「誤入」蘇聯領空時被蘇聯的戰鬥機擊落，機上組員加上旅客兩百六十九人全數罹難。這件事對我的衝擊相當的大，因為就在幾個星期前，我回國渡假所搭乘的就是韓航〇〇七次班機！一開始我以平常心看待那件事：蘇聯會將一架誤入領空的民航客機擊落，不是正好坐實了美國保守派、冷戰鷹派總統雷根形容蘇聯是「邪惡帝國」的語詞？但是當我由各方不同的資訊來了解那個事件，才發現該事件絕不如官方所說的那麼簡單。我不禁想：我不久以前所搭的那架韓航波音七四七，是否也曾「誤入」不該進入的地區？

幾年之後，在一九九六年又發生了環球航空公司（TWA, Trans World Airlines）第八〇〇次班機在紐約長島外海失事的事件。飛機失事的那天晚上，有許多人看到一枚飛彈將那架飛機擊落，眾多目擊者中還包括了熟悉地對空飛彈的軍方飛行員，但是美國聯邦調查局卻表示那些人都「看錯了」。在新聞中看到聯邦調查局如此的表述後，我立刻想到了三十多年前台灣的警備總部在陸運濤那場空難中，對失事現場找到的那兩把手槍，說出「手槍不見得與飛機失事有關」的那件往事！

原來天下的烏鴉還真是一般黑，政府為了一些不能明說的原因，是會對社會大眾公然說謊！

我由洛馬（Lockheed Martin）公司退休的那年，又發生了一直到今天都沒有下落的馬來西亞三七〇次班機失蹤事件。看著新聞媒體對這架飛機失蹤的報導，再根據我對飛航方面的了解，我知道馬來西亞政府對這件事也沒全說實話。

看著這些被官方故意誤導的空難，再想起五十五年以前發生在台灣的那場空難，我想我應該可以將這些年來諸多有爭議的空難原因，用簡單的文字解釋給對這方面有興趣的朋友們，也算是對五十五年前的自己做一個交代。

最後，我也想以這本書紀念已經故去的父親，並告訴他：「我現在已經懂了那些飛機失事的原因，並且有能力把那些故事寫下來，讓一般人都了解其中原委。」

王立楨　二〇一九年四月十日於加州聖荷西市

消失的航班

美國航太專家解密當代民航七宗驚人懸案

第1章

冷戰灑熱血：韓航〇〇七次班機

第1章 冷戰灑熱血

一九八三年八月三十日深夜，紐約甘迺迪機場出境大廳，一位馬姓華裔旅客焦急地等待搭乘韓航〇〇七次班機趕回台北。當天早上，他剛收到台北家中傳來母親過世的噩耗，於是匆匆買了張新加坡航空公司第二天清晨回台北的機票；可是票買妥之後，旅行社又通知他：當天晚上還有韓航班機可以經漢城（按，二〇〇五年之後改名首爾。本書記載之事件雖然都發生在改名前，但除有特殊需要之處，書中主要仍採「首爾」為其名）飛返台北。馬先生為了早一點趕回台北奔喪，於是將新航的機票換成韓航，想著這樣可以早八個鐘頭起飛。沒想到，就這麼一念之差，他卻永遠回不到台北的家了。

那架韓航〇〇七次班機先由紐約飛到阿拉斯加的安克拉治，落地加油及更換飛航組員之後，繼續飛往首爾。就在這段航程中，客機誤入蘇聯領空，在庫頁島附近被蘇聯前來攔截的戰鬥機以飛彈擊中，墜毀在庫頁島西南海域，所有乘客及組員共兩百六十九人全數罹難。

當年的「韓航攻擊事件」曾轟動整個世界。大家不了解：一架像波音七四七如此先進的客機，怎麼會迷航？更無法理解：為什麼蘇聯會對一架無武裝的民航機展開攻擊行動？那時的美國政府更利用這個機會，將蘇聯比喻成終於露出猙獰面孔的北極熊。「韓航大屠殺事件」（Korean Airlines Massacre 雷根總統對這件事的用語）也成為促成美國國會通過雷根總統提議的「戰略防禦計劃」（SDI, Strategic Defense Initiative，亦稱 Star Wars Program）的原因之一。

大膽假設：大國較勁，客機上場

我因為一向對飛機失事事件相當關心，加上在這架飛機被擊落前的三個星期，我也曾搭乘〇〇七次航班由紐約經首爾返回台北。所以在事件發生之後，一直在所有可以涉獵的媒體及書籍上，去閱讀任何有關那個事件的相關報導。而當時坊間也有不少有關書籍，由不同的角度來分析與解讀這個事件，其中較具代表性的有下列三本：

Shoot-Down: KAL 007 and the American Connection; 作者是R. W. Johnson（Viking Penguin Inc.1986）

KAL007: The Cover Up. 作者是David Pearson（Summit Books, New York, 1987）

Incident at Sakhalin: The Mission of KAL007. 作者是Michael Brun（Four Walls Eight Windows. New York, London 1995）

在閱讀了上述三本書及大量報章雜誌的報導之後，我覺得國際民航組織對該事件的失事報告，不但沒有提出一個完整及合理的解釋，反而讓了解航空界的讀者們產生更大的疑問。在韓航〇〇七次班機被蘇聯擊落後三十六年的今天，如果有人問我對那個事件的看法，我會毫不猶豫的說：**那架飛機絕對是美蘇兩國在冷戰期間較勁下的犧牲者！**

本文就是我將那件事情中「不合理」及「合理的懷疑」部份整理出來，供給讀者們參考。

不合理之1　不該調查的單位負責調查

根據國際民航組織（ICAO，International Civil Aviation Organization）的失事報告，事件的來龍去脈如此展開：

韓航〇〇七次班機在八月三十日夜間當地時間二十三點五十分（格林威治時間八月三十一日上午三點五十分）由紐約起飛，前往阿拉斯加的安克拉治。七小時之後，編號為HL7442的波音747-230B安全抵達安克拉治國際機場。加油並更換組員之後，飛機在當地時間八月三十一日清晨四點零九分（格林威治時間九月一日十三點零九分）起飛前往韓國首爾。依照飛航計劃，飛機起飛後，先飛往Bethel VOR導航台，由該處順著R20航路飛往日本，最後經由日本上空轉往首爾，全程飛行時間預定八小時二十分。

該機幾乎一起飛就偏離了預定航線，到達Bethel VOR導航台時已向北偏了十二浬①。等它到了Nabie檢查點時，因為無法向安克拉治航管中心直接聯絡，於是用VHF無線電與它後面的另外一架韓航〇一五次班機聯絡，要求〇一五次班機將它的位置報給安克拉治。之後〇一五次班機就一直擔任〇〇七次班機與安克拉治之間的傳話任務。

〇〇七次班機繼續偏北飛行，在蘇聯的堪察加半島（Kamchatka Peninsula）以東處進入蘇聯領空。也許因為當時有一架美軍的RC-135電子偵察機，剛好在堪察加半島東面的國際公海上空執行例行任務，蘇聯空軍「可能」將韓航波音七四七的雷達回波，與那架RC-135弄混了，誤以為進入蘇聯領空的是美軍RC-135電子偵察機。

於是六架米格二十三戰鬥機分別由幾個不同基地起飛，前往攔截那架不速之客，然而在黑暗的夜空中，竟沒有一架米格機能攔截到韓航的波音七四七。

格林威治時間九月一日十七點零八分，韓航〇〇七次班機飛離蘇聯領空，進入鄂霍次克海（Okhotsk Sea）上空，於是所有的攔截機群飛返原基地降落。

〇〇七次班機在鄂霍次克海上空繼續向西南方前進，半個多鐘頭之後，它又接近蘇聯庫頁島。這次蘇聯空軍管制人員在格林威治時間十七點四十二分下令，於庫頁島擔任警戒任務的兩架SU-15戰鬥機緊急起飛前往攔截。在戰管的引導下，SU-15戰鬥機於十八點十二分發現了即將進入庫頁島的韓航〇〇七次班機。在跟蹤飛行的十多分鐘期間，SU-15曾發射弋光彈警告〇〇七次班機，但〇〇七次班機或許沒有察覺，或許決定不予理會。警告無效之後，蘇聯軍方終於在格林威治時間九月一日十八點十五分下令給SU-15：將入侵者擊落！於是其中一架SU-15在十八點二十六分時對著那架波音七四七發射了兩枚空對空飛彈。就在〇〇七次班機即將離開蘇聯領空之前，被飛彈擊中，飛機隨即墜毀在庫頁島與北海道之間的海面上。

研判韓航客機誤入蘇聯領空的主要原因，是飛機由安克拉治起飛之後，飛行員沒有將自動駕駛由「保持航向」狀態（HEADING Mode）轉換到「慣性導航」狀態（INS, Inertia Navigation System Mode），於是飛機一直按著最初的二二〇度航向飛行。而在五個多小時的飛行中，三位組員都沒發現這個錯誤，最後因誤入蘇聯領空，導致被飛彈擊落的後果。

一般讀者在閱讀這份報告之後，可能會覺得相當專業，**但在內行人的眼中看來，這份失事報告的撰寫單位本身就欠缺專業**。在以往，任何美國境內的班機、由美國境內出發的班機，或是有美籍人士搭乘的班機失事，美國的國家運輸安全委員會（NTSB, National Transportation Safety Board）都會主導或參與（如果飛機在美國境外失事）失事調查。然而，就在這架飛機被擊落的次日，國家運輸安全委員會正要派出調查員前往阿拉斯加及首爾參與調查之際，卻接到國務院直接發出的一道命令，指示因為這架飛機是「被擊落」，而非單純的「失事」案件，因此要求國家運輸安全委員會將所有該次事件的相關文件及證據，悉數交到國務院，由國務院來主導調查。

但是國務院本身也非常清楚，自己沒有任何下屬單位具備如此的專業能力來從事飛航失事調查的工作。於是，在出乎所有人意料之外下，國務院商請國際民航組織來進行這個調查。

不合理之2　調查過程排除專家

在這次事件之前，國際民航組織只執行過一次失事調查，就是調查利比亞阿拉伯航空公司的第一一四次航班，在一九七三年二月二十一日被以色列空軍擊落的事件。之後的十年間，該組織並沒有任何其他失事調查的經驗。

除了欠缺經驗之外，國際民航組織在調查過程中所需要的證物如：雷達資料、航管通話等相關資料……都僅能向各有關單位「請求」，而無法像國家運輸安全委員會一樣直接開傳票索取。在這種情況下，拿不拿得到那些證物，就要看接獲請求要提供資料的單位是否願意配合，能獲得的資料當然有限。

再來就是因為這架飛機的殘骸、黑盒子及駕駛艙通話記錄器等儀器全未被尋獲，因此國際民航組織僅能根據所獲得的有限資料，揣測導致韓航〇〇七次班機誤入蘇聯領空的原因。

國際民航組織所提出誤入蘇聯領空的理由是飛行員操作不當，未將自動駕駛由「保持航向」狀態切換到「慣性導航」狀態。這種情狀可能是因為飛行員的疏忽，或是因為飛行員在將自動駕駛儀轉換到「慣性導航」狀態時，飛機已經偏離航線太遠而無法啟動②。然而，絕大多數的飛行員都對這種說法無法苟同，這種說法意味著「駕駛艙內三位飛行組員由起飛到被擊落的四個鐘頭內，都沒有發現這項錯誤」。這是完全不可思議的狀況，因為航機每通過一個檢查點，都必須根據導航儀的顯示，向航管中心報備。

不合理之3　從設備設計到人員訓練，都不該「迷航」

要了解韓航〇〇七次班機為什麼會「迷航」，就必須先了解波音七四七飛機上的導航系統。那架波音七四七型飛機上所使用的是慣性導航系統，它是利用陀螺儀高速旋轉時的慣性，來偵測飛機的動態（速度、方向及高度）。將這個動態輸入電腦，就可以根據啟航時的位置，推算出飛機在飛行中的位置。因此飛機起飛之前都必須確實校正當時位置的經緯度，這樣後續的導航才能正確。

在每架航班起飛之前，航空公司的航行電腦會根據當天航路上的氣溫、風速及風向，設計出一條由啟航點到目的地之間最省油的航線，飛行員在起飛前須將航線上每一個檢查點的經緯度，輸入到飛機上的導航系統裡。導航系統會根據所輸入的檢查點，自動操縱飛機順著每個檢查點飛行，直到目的地。

而為了防止輸入時的人為錯誤，正、副駕駛兩人要在自己的位置上各自將檢查點的經緯度輸入到導航系統內，導航系統先要印證兩人所輸入的數據完全相同，然後再讓電腦將所有檢查點所連起來的航線全程計算出來，得到全程哩數。這個全哩程數必須與飛行計劃上的哩程數相等或者是在十浬的誤差之內，超過這個範圍，就要將所輸入的檢查點數據重新檢查一遍。

即使有了慣性導航系統，飛行員在飛行中也會利用導航電台及地面上的明顯地標，如城市、山嶺、河流或海上的島嶼來印證飛機的位置。在如此先進的儀器與多重的導航方式下，一架飛機要「迷航」，還真不是一件容易的事。

當天航線上的第一個檢查點是 **Bethel VOR**。除了起飛前要將這個檢查點的經緯度輸入電腦之外，這個檢查點本身就是個導航台，飛行員光靠著 **VOR** 的訊號就可以準確地飛到這個導航台上空。可是根據美國空軍雷達站的資料顯示，〇〇七次班機在起飛後四十八分鐘，向安克拉治航管中心報告通過 Bethel VOR 導航台上空時，他其實已經往北邊偏了十二浬。

韓航〇〇七次班機的機長千炳寅（Chun Byong-In）根據導航儀器的指示，**絕對知道自己飛機當時的位置，他卻故意向安克拉治中心發出假的飛航情報**，足可證明他是有心的去偏離航線。

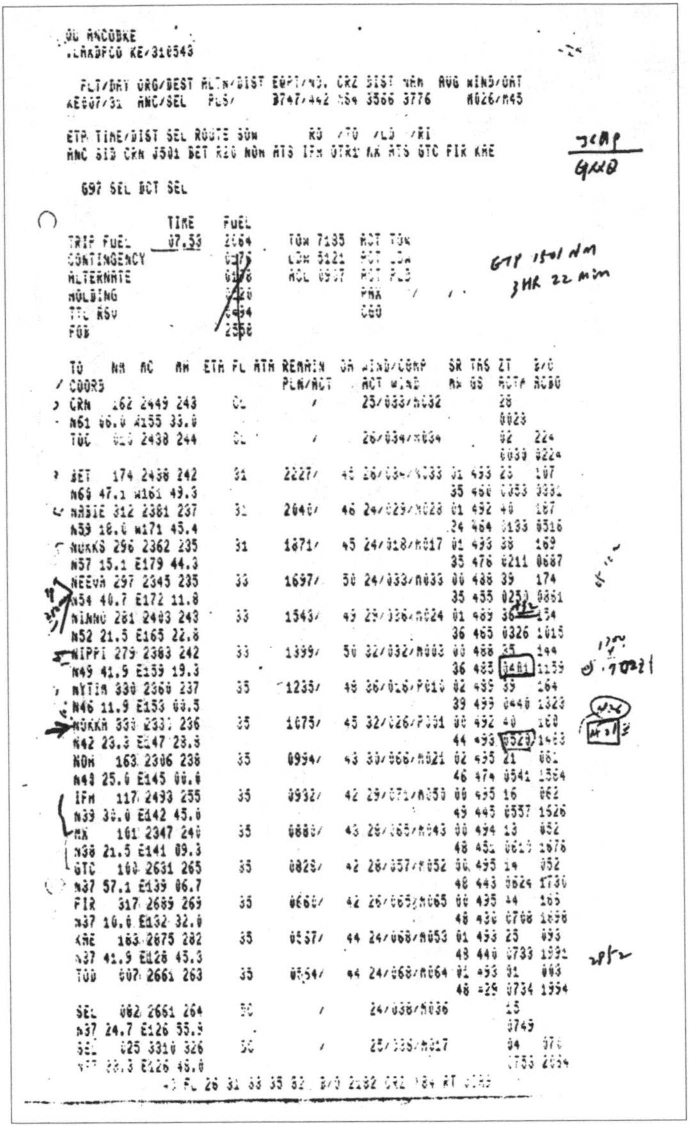

QU ANCOBKE
.LAXDPCO KE/310543

FLT/DAY ORG/DEST ALTN/DIST EQPT/NO. CRZ DIST NAM AVG WIND/CMT
KE007/31 ANC/SEL PUS/ B747/442 .84 3566 3776 M026/M45

ETP TIME/DIST SEL ROUTE 50N RO /TO /LO /RI
ANC SID CRN J501 BET R20 NOM ATS IFM OTR1 KK ATS GTC FIR KAE

697 SEL DCT SEL

	TIME	FUEL		
TRIP FUEL	07.53	2064	TOW 7185	ACT TOW
CONTINGENCY		0272	LDW 5121	ACT LDW
ALTERNATE		0176	ACL 0907	ACT PLD
HOLDING		0120		PAX
TTL RSV		0494		CGO
FOB		2558		

TO / COORD	NM	AC	MH	ETA	FL	ATA	REMAIN PLN/ACT	OA	WIND/COMP ACT WIND	SR NX	TAS GS	ZT ACTA	B/O ACBO
CRN	162	2449	243		CL		/		25/033/M032			28	
N61 06.0 W155 33.0												0028	
TOC	020	2438	244		CL		/		26/034/M034			02	224
												0030	0224
BET	174	2438	242		31		2227/	45	26/034/M033	01	453	23	107
N60 47.1 W161 49.3										35	460	0053	0331
NABIE	312	2381	237		31		2040/	46	24/029/M028	01	492	40	187
N59 18.0 W171 45.4										24	464	0133	0518
NUKKS	296	2362	235		31		1871/	45	24/018/M017	01	493	38	169
N57 15.1 E179 44.3										35	476	0211	0687
NEEVA	297	2345	235		33		1697/	50	24/033/M033	00	488	39	174
N54 40.7 E172 11.8										35	455	0250	0861
NINNO	281	2403	243		33		1543/	49	29/036/M024	01	489	36	154
N52 21.5 E165 22.8										36	465	0326	1015
NIPPI	279	2383	242		33		1399/	50	32/032/M003	00	488	35	144
N49 41.9 E159 19.3										36	485	0401	1159
NYTIM	330	2360	237		35		1235/	49	36/016/P010	02	485	39	164
N46 11.9 E153 00.5										39	499	0440	1323
NOKKA	333	2333	236		35		1075/	45	32/026/P001	00	492	40	160
N42 23.3 E147 28.3										44	493	0520	1483
NOH	163	2306	238		35		0994/	43	30/066/M021	02	495	21	081
N40 25.0 E145 00.0										46	474	0541	1564
IFM	117	2493	255		35		0932/	42	29/071/M050	00	495	16	062
N39 30.0 E142 45.0										49	445	0557	1626
KK	161	2347	240		35		0880/	43	28/065/M043	00	494	13	052
N38 21.5 E141 09.3										48	451	0610	1678
GTC	100	2631	265		35		0828/	42	28/057/P052	00	495	14	052
N37 57.1 E139 06.7										48	443	0624	1730
FIR	317	2689	269		35		0660/	42	26/065/M065	00	495	44	165
N37 10.0 E132 32.0										48	430	0708	1898
KAE	163	2675	282		35		0557/	44	24/068/M053	01	493	25	093
N37 41.9 E128 45.3										48	440	0733	1991
TOD	007	2661	263		35		0554/	44	24/068/M064	01	453	01	003
										48	429	0734	1994
SEL	062	2661	264		50		/		24/038/M036			15	
N37 24.7 E126 55.9												0749	
SEL	025	3310	326		50		/		25/036/M017			04	070
N37 33.3 E126 48.0												0753	2064

FL 26 31 33 35 82 B/O 2132 CRZ 184 KT ...

韓航 007 班機的飛行計劃，注意千炳寅機長用手寫下來的數據。

不合理之4　一張影印的副本透露玄機

但是他為什麼要偏離預定的航線呢？國際民航組織的報告裡附上了一張〇〇七次班機由安克拉治到首爾的飛行計劃之影印版本，是千炳寅機長在起飛前留在飛行管理室裡的。這張飛行計劃，或許可以提供一些答案。

在那張原本是電腦印出的飛行計劃時間表上，清楚列出了飛機預定到達每一個檢查點的時間，以及各點之間的距離。千炳寅機長在報告上用筆做了些修改，另外在報表旁邊的空白處，他寫下了「ETP 1501NM」及「3HR 22 min」這兩組文字，而在報表下端的空白處他也寫下了「1826」這個數據。

這些數據都代表著什麼意思呢？一般來說ETP是指著Equal Time Point，也就是說飛機位在這一個點的時候，距離「出發點」及「目的地」的飛行時間是一樣的。但是「1501 NM」處並不是安克拉治與首爾之間的ETP——根據〇〇七次班機的實際飛行路線算來，距安克拉治一千五百〇一（1,501）浬處，**正是該機進入蘇聯領空**

的地點！還有，該機進入蘇聯領空的時間，**也剛巧是離開安克拉治三小時二十二分鐘之後！**所以機長千炳寅親手寫下的ETP，在這裡很可能代表著 Estimated Time of Penetration（預定進入時間）。最後，**格林威治時間「18：26」正是該機要離開蘇聯領空的時間，也是該機被蘇聯飛彈擊中的時候！**

非常明顯，這幾組代碼數據，能演繹出截然不同的結果與詮釋。根據這些資料來判斷，如果根據「正常」的飛行計劃，千炳寅機長絕對是「迷航」了。**但是根據他用手寫在飛行計劃上的那些數據，則他不但「該有」另一份「飛行計劃」，而且他還飛的準確無比呢！**

不合理之5　選派這兩位機長出任務有太多疑點

為什麼選派千炳寅機長擔任〇〇七次班機的飛行員，也是疑點之一。當然航空公司有權選用任何一名合格的在職飛行員來飛行任何一個班次，但如果航空公司放著有充分休息的組員不用，而選用休息時間不足的飛行員來當班，那麼如此的排班邏輯就會讓人起疑了。

千炳寅機長是一名經驗非常豐富的飛行員，曾擔任過南韓總統出國時的專機駕駛員，有著高達一萬零六百小時的飛行時間，其中有六千六百一十八小時是波音七四七的飛行時間。

他在八月三十一日當地時間下午十三時三十七分（格林威治時間二十一點三十七分）駕駛〇九七五班次貨機，由紐約經加拿大多倫多飛抵安克拉治，然後被安排在第二天清晨四點（格林威治時間十三時零分）駕〇〇七次班機離開安克拉治，用簡單的算術就可以算出來，他在地面一共待了十五小時二十三分鐘。

依照韓航的規定，每位飛行員在當班之前的休息時間，不能少於前一次飛航時間的一點五倍，另外，落地之後第一個小時及起飛前兩個小時，不能算入休息時間。千炳寅上一段的〇九七五次貨機由紐約到安克拉治一共用了八小時四十六分，所以休息時間最少該是十三小時零九分。可是千炳寅機長在地面的時間，扣除落地之後的一小時及起飛之前的兩小時，真正的休息時間只有十二小時二十三分鐘，比規定時間少了四十六分鐘。

而根據韓航原來的班表排定，〇〇七次航班本來該由另一組空勤組員來執行，那組人員在安克拉治的休息時間超過了二十四小時。可是，韓航卻把這一組休息了超過二十四小時的空勤人員（兩名飛行員及空勤機械員）安排坐在〇〇七班機的頭等艙，以乘客的身份飛回首爾。前艙（駕駛艙內）則由休息不夠的組員來當班。這種調度如何不讓人起疑？

提到當天晚上〇〇七次班機的最後一趟飛行以及組員的安排，就不得不提當天也是由安克拉治起飛的韓航〇一五次班機的機組人員。

來自洛杉磯的〇一五次班機是經過安克拉治前往首爾，它與來自紐約的〇〇七次班機先後抵達安克拉治，都在當地加油、更換組員之後，預備一前一後飛往首爾（〇〇七次在前）。在安克拉治短暫停留時，〇一五次班機臨時更換空勤組員，改由一組從美國堪薩斯飛抵安克拉治的貨機組員登機，取代了原來預定的飛行組員（這個情形和〇〇七次班機的人員派遣情形非常類似）。

至於〇一五次班機那三位被取代的飛行組員，則登上〇〇七次班機，以乘客的身份返回首爾——這又和〇〇七次班機原先的三名飛行組員情況相同。

更「巧合」的是，「臨時」上任接手〇一五次班機的機長，和〇〇七次班機的千炳寅機長以往在韓國空軍同屬一個中隊，兩人在軍中就有很不錯的默契。

按照預定的飛行計劃，〇一五次班機應該在〇〇七次班機起飛後二十分鐘離開安克拉治，然而〇一五的機長只等了十四分鐘就宣告他要起飛了，而且起飛後一直用大馬力飛行，彷彿是要追趕前面的〇〇七次班機似的。結果〇一五次班機比預定時間早七分鐘到達 Nabie 檢查點，而在抵達 Nabie 檢查點的前四分鐘，〇一五次的機長就代替〇〇七次班機向航管中心報出〇〇七次班機通過 Nabie 檢查點的消息。可是美國空軍位於阿拉斯加申雅島（Shemya）監聽站所錄下的錄音帶上，卻沒有〇〇七次班機要求〇一五次班機代為轉話的要求。

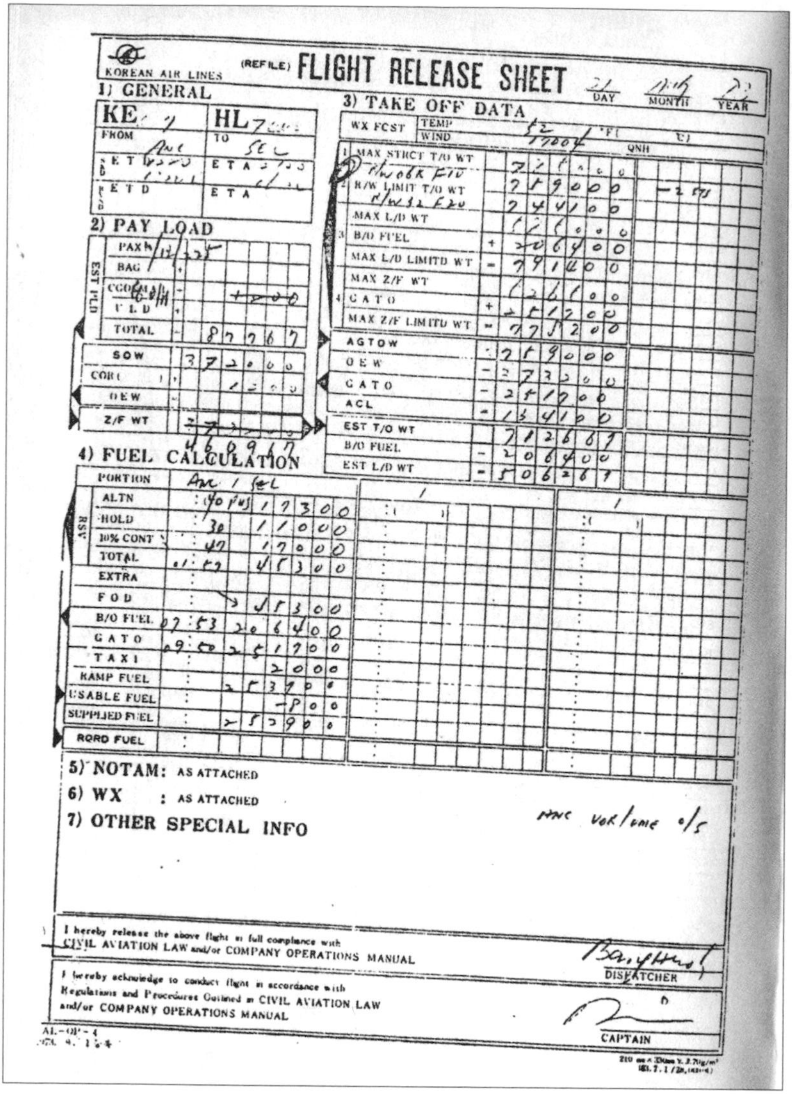

KOREAN AIR LINES (REFILE) **FLIGHT RELEASE SHEET** DAY MONTH YEAR

1) GENERAL

KE 7	HL
FROM	TO
ETD	ETA
ETD	ETA

2) PAY LOAD

PAX	
BAG	
CGO/MAIL	
FLD	
TOTAL	8 7 7 6 7
SOW	3 7 2 0 0 0
CORR	
OEW	
Z/F WT	

3) TAKE OFF DATA

WX FCST	TEMP / WIND
MAX STRCT T/O WT	
R/W LIMIT T/O WT	7 7 9 0 0 0
MAX L/D WT	
B/O FUEL	+ 2 0 6 4 0 0
MAX L/D LIMITD WT	= 7 9 1 4 0 0
MAX Z/F WT	
GATO	+ 2 5 1 7 0 0
MAX Z/F LIMITD WT	= 7 7 5 2 0 0
AGTOW	7 7 9 0 0 0
OEW	−
GATO	− 2 5 1 7 0 0
ACL	= 1 3 4 1 0 0
EST T/O WT	7 1 2 6 6 7
B/O FUEL	− 2 0 6 4 0 0
EST L/D WT	= 5 0 6 2 6 7

4) FUEL CALCULATION

PORTION	ANC / SEL
RSV ALTN	1 7 3 0 0
HOLD	1 1 0 0 0
10% CONT	1 7 0 0 0
TOTAL	4 5 3 0 0
EXTRA	
FOD	4 5 3 0 0
B/O FUEL	07:53 2 0 6 4 0 0
GATO	09:50 2 5 1 7 0 0
TAXI	2 0 0 0
RAMP FUEL	2 5 3 7 0 0
USABLE FUEL	
SUPPLIED FUEL	2 5 3 9 0 0
RQRD FUEL	

5) NOTAM: AS ATTACHED

6) WX : AS ATTACHED

7) OTHER SPECIAL INFO

I hereby release the above flight in full compliance with CIVIL AVIATION LAW and/or COMPANY OPERATIONS MANUAL

DISPATCHER

I hereby acknowledge to conduct flight in accordance with Regulations and Procedures Outlined in CIVIL AVIATION LAW and/or COMPANY OPERATIONS MANUAL

CAPTAIN

韓航 007 班機的放行單，注意機長用筆畫掉的數據。

不合理之6　航機異常攜帶了額外的燃油

另外，根據國際民航組織報告中所附的〇〇七次航班飛行計劃及起飛前的放行單，任何有經驗的民航飛行員都不禁會問：〇〇七班機為何多帶了幾乎一萬磅的燃油？從千炳寅機長留下的那份電腦飛行計劃表來看，電腦計算出〇〇七這趟從安克拉治到首爾的旅程，需要裝載二十五萬五千八百磅的燃油，但千炳寅機長卻將那個數據用筆劃去，然後在放行單上（Flight Release Form）的燃油數量欄，寫上二十五萬三千七百磅的數據（比電腦算出的少了兩千一百磅）。

可是在飛機配平單（Weight & Balance Sheet）上面，他卻寫下燃油總重量是「二十六萬三千七百磅」，整整比放行單上多出了一萬磅，也比電腦算出的數量多出七千九百磅。（我們可以推測：放行單上面的二十五萬三千七百磅這個數據，可能是千炳寅的手誤；他在飛機配平單上面記載的二十六萬三千七百磅才是真正的數據。）

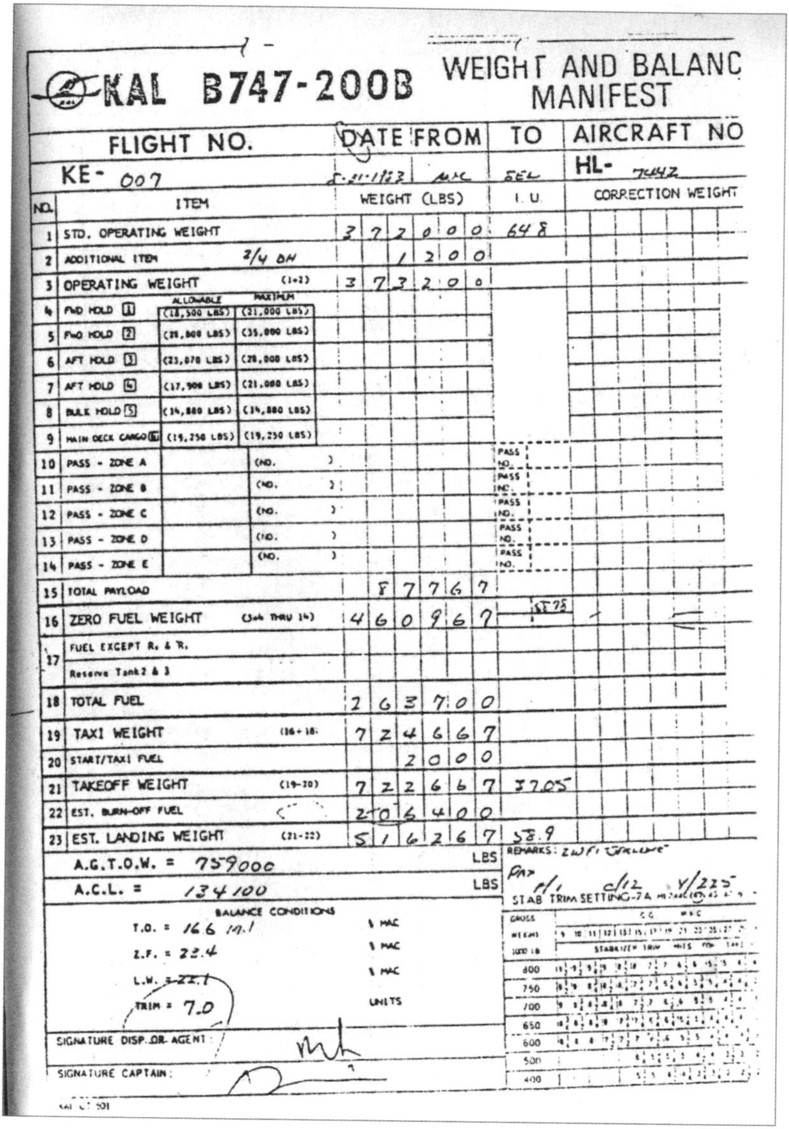

KAL B747-200B WEIGHT AND BALANC MANIFEST

FLIGHT NO.	DATE	FROM	TO	AIRCRAFT NO
KE- 007	8-31-1983	NYC	SEL	HL- 7442

NO.	ITEM			WEIGHT (LBS)	I. U.	CORRECTION WEIGHT
1	STD. OPERATING WEIGHT			372000	648	
2	ADDITIONAL ITEM 2/4 DH			1200		
3	OPERATING WEIGHT (1+2)			373200		
		ALLOWABLE	MAXIMUM			
4	FWD HOLD 1	(18,500 LBS)	(21,000 LBS)			
5	FWD HOLD 2	(28,800 LBS)	(35,000 LBS)			
6	AFT HOLD 3	(23,070 LBS)	(28,000 LBS)			
7	AFT HOLD 4	(17,900 LBS)	(21,000 LBS)			
8	BULK HOLD 5	(14,880 LBS)	(14,880 LBS)			
9	MAIN DECK CARGO 6	(19,250 LBS)	(19,250 LBS)			
10	PASS - ZONE A		(NO.)		PASS NO.	
11	PASS - ZONE B		(NO.)		PASS NO.	
12	PASS - ZONE C		(NO.)		PASS NO.	
13	PASS - ZONE D		(NO.)		PASS NO.	
14	PASS - ZONE E		(NO.)		PASS NO.	
15	TOTAL PAYLOAD			87767		
16	ZERO FUEL WEIGHT (3+4 THRU 14)			460967	5575	
17	FUEL EXCEPT R. & R. / Reserve Tank2 & 3					
18	TOTAL FUEL			263700		
19	TAXI WEIGHT (16+18)			724667		
20	START/TAXI FUEL			2000		
21	TAKEOFF WEIGHT (19-20)			722667	5705	
22	EST. BURN-OFF FUEL			206400		
23	EST. LANDING WEIGHT (21-22)			516267	58.9	

A.G.T.O.W. = 759000 LBS

A.C.L. = 134100 LBS

REMARKS: ZWF1 [illegible]

PAX F/1 C/12 Y/225

STAB TRIM SETTING-7A

BALANCE CONDITIONS

T.O. = 16.6 % MAC

Z.F. = 22.4 % MAC

L.W. = 22.1 % MAC

TRIM = 7.0 UNITS

SIGNATURE DISP. OR AGENT:

SIGNATURE CAPTAIN:

KAL CT 501

韓航 007 班機的配平單。

此外，他在登機前又將本來要由〇〇七次班機運回首爾的一千八百磅貨物留下，這是非常不合邏輯的事，因為裝載貨物可以替公司賺錢，將貨物留在當地不上機，卻裝上一萬磅額外的燃油，絕對不符合經濟效益。

不合理之 7　官方放出相互矛盾的假消息

首爾當地時間九月一日清晨六點五分，〇〇七次班機沒有按時抵達首爾金浦機場，在機場焦急等待接機的親友，最先得到的消息是航班誤點。後來等到早上九點還沒有任何消息，乘客家屬開始將機場內的韓航辦公室團團圍住，要求韓航高級官員出來對大家說清楚那架飛機到底何時抵達。結果一直等到上午十點鐘，韓國外交部長及韓航副總裁才同時宣佈：〇〇七次班機因誤入蘇聯領空，已在庫頁島被蘇聯軍機逼降，但是人機均安。

韓航副總裁並說，因為韓國與蘇聯沒有外交關係，他將親自前去東京，請日本代為與蘇聯政府聯絡，安排接返乘客事宜。然而等他在兩個小時之後飛抵東京時，蘇聯外交部長卻已通知莫斯科的日本大使館，那架韓航客機並沒有在庫頁島落地。

新聞媒體得到蘇聯否認該次班機在庫頁島落地的消息之後，自然就回到最初提供這則訊息的韓國外交部，詢問這到底是怎麼一回事。那架飛機被逼降庫頁島的消息，到底是誰提供的？

韓國外交部很誠實地回答：消息是美國中央情報局提供的。媒體又去問美國中央情報局，不料中央情報局的反應卻是「無法證實或否認」該局曾提供那則消息。根據中央情報局的這種反應，外界就開始覺得這次件事並不簡單。很明顯的中央情報局似乎想掩飾一些事，在第一時間先提供這個假消息，可以替他們爭取到一些時間來判斷情勢及研擬對策。

從美國中央情報局所送出「韓航〇〇七次班機在庫頁島被逼降」的假資訊一事，媒體便開始探索「美國官方在這事件中到底扮演著什麼樣的角色」。當時美國國務卿舒茲（George Shultz）在飛機被擊落的當天上午，整個事件尚未明朗之前，就直言那架客機是被蘇聯所擊落。雷根總統更在九月六日公開譴責蘇聯，說「韓航大屠殺」是一件「野蠻、殘忍及無人性的罪行」，「將不會被世人所遺忘」。

蘇聯政府一開始只是承認有一架「沒有開著航行燈的不明機，在庫頁島附近曾被蘇聯軍機攔截」，完全沒有提到那架韓航〇〇七次班機。一直到美國駐聯合國大使柯克派區克（Jeane Kirkpatrick）女士於九月七日，也就是韓航〇〇七次班機被擊落一星期後，於聯合國安全理事會中，將美國監聽站所截錄到的蘇聯戰鬥機飛行員與地面通話的錄音播出之後，蘇聯政府才首次承認該架韓航客機被蘇聯所擊落。錄音當中可聽見蘇聯飛行員在格林威治時間十八點二十六分的時候說：「我已發射飛彈。」這就是蘇聯擊落民航機的最直接的證據。

柯克派區克女士提供的錄音帶，只是蘇聯戰鬥機由空中對地面發話的錄音。當媒體問到為什麼沒有地面戰管人員對空中飛機發話的錄音時，美國軍方人員表示因為由空中對地面的發話，在一定範圍之內的所有地面接收電台都可以收聽得到；而地面對空中的發話，則因地球表面弧度的關係，在距離之外的地面接收電台就無法聽得到。這是通訊方面的基本常識，因此在解說之後就沒有人再有異議。

然而，其實美國軍方真是有一個包括所有空地之間對話的錄音帶，這段地對空的對話是被美軍當時在空中的一架RC-135電子偵察機所錄下。美國軍方不願意讓那部份的錄音曝光，是不想讓蘇聯知道美軍監聽的能力，結果有一位政府高官在不了解這件事的影響之下，竟告訴紐約時報的記者：全套的空地之間的錄音帶其實是存在的，只是錄到的對話並不太清楚，不過仍可以聽得出是地面的戰管下令將韓航〇〇七次班機擊落。

時任白宮發言人斯畢克斯（Larry Speakes）被問到這件事時，他竟也回答說，確實是有一卷地對空對話的錄音帶！他的這番話，可能在中央情報局內引起了相當大的震撼與反彈，因為短短幾小時之後，他再度發言澄清，說美國「其實並沒有地面對空中發話那部份的錄音」。

不合理之8　消失的錄音內容：血流成河，很慘啊……

提到錄音，日本所提供的航管單位與〇〇七次班機對話的錄音帶末尾，曾錄到了一句：「這樣會是血流成河，很慘啊（Gonna be bloodbath, real bad.）。」但是沒有人知道這句話究竟是〇〇七次班機駕駛艙裡的人，或是在附近另外一架飛機上的人所說的。

在蘇聯方面，雖然官方承認了韓航〇〇七次班機是被蘇聯的戰鬥機所擊落，但在同時也提出了一個解釋：那天晚上，美國空軍的一架 RC-135 電子偵察機曾飛在韓航〇〇七次班機附近，蘇聯軍方誤把韓航的〇〇七次班機認成了美軍的 RC-135 偵察機，才會開火將它擊落。在蘇聯提出 RC-135 曾在當晚出現在〇〇七次班機附近的消息之後，美國政府才表示，當晚確實有一架 RC-135 電子偵察機，在「蘇聯領空之外，執行例行任務」。

韓航「誤入」蘇聯領空的三種可能性

掌握以上關鍵細節與各方互動之後，人們不禁會問：看來那架〇〇七次班機真是有心進入蘇聯領空。但究竟是為了什麼理由要這樣做呢？

事件剛發生時，許多人的第一個想法就是**〇〇七次班機想抄近路來省油**，這個傳聞其來有自，因為那時候的韓航是靠著低價在消費市場上與其他航空公司競爭，而那天〇〇七次班機所走的航線，恰巧是由安克拉治到首爾最直接的路線。不過根據資料顯示，〇〇七次班機那天抄近路所消耗的燃油，只會比正常 R20 航路上所需要的燃油少六點二噸（兩千多加侖），按照當年油價來算，不過區區兩千五百多美元。熟悉航空界的人士認為，沒有一位飛行員會為了替公司省下兩千五百美元，而冒如此巨大的人命、財物風險。再說，把一千八百磅的貨物放在安克拉治不帶，卻多攜帶了一萬磅的燃油，更不是一個想省油的機長會做出來的事。

又有人認為，**那架飛機負有偵察任務**。這個傳聞主要是因為該機的確故意飛進了蘇聯領空，而且曾經飛越蘇聯的軍事敏感區上空。因此有人認為，那架飛機上一定裝了蒐集情報的照相機，及其它的電子監聽器材。但是這種可能微乎其微，因為當時美國的軍用情報衛星已經定期通過蘇聯上空，隨時會將最新的相片傳回。而〇〇七次班機是在深夜時分通過蘇聯上空，在那個時間只有紅外線相機才有用，但是由三萬多呎的夜空中所照出來的紅外線相片，對情報又會有多少價值？而且萬一飛機被蘇聯逼降，讓蘇聯軍方在飛機上找出照相機等裝備，然後將那些由民航機上所搜出的情報裝備公諸於世，將是多麼得不償失的事。

最後一種可能就是電子偵察任務。這是所有傳聞中最有可能的一種情況。這種任務就像中華民國空軍的黑蝙蝠中隊在一九六〇年代所執行的任務一樣，讓一架飛機故意闖入敵區上空，等待敵人將雷達開機對闖入者展開追蹤，而闖入的飛機則在敵人的雷達開啟之後，將敵人雷達的地點、參數及反應時間記錄下來。這種資料對日後設計反雷達的電子戰非常重要。

當天除了美軍的 RC-135 電子偵察機就在附近的公海上空之外，根據日本的雷達顯示，還有另一架美軍的 EP-3 電子偵察機也在附近。因此當那架〇〇七次班機飛入蘇聯領空，以那種如入無人之境的架勢深入敵境時，它本身根本不用攜帶任何電子裝備。只要蘇聯各地的雷達紛紛開啟追蹤這一架侵入的客機，另兩架在公海上的 RC-135 及 EP-3，便可以逸待勞的將所有蘇聯的雷達資料都記錄下來。

想出這個餿主意的人打的如意算盤該是：蘇聯攔截機在夜空中接近這架韓航

〇〇七次班機時，一定會發現他垂直尾翼上的韓航標誌，蘇聯應該不會攻擊一架無武裝的民航機，頂多將它逼降在蘇聯境內。屆時韓航可以很無辜地以迷航這個理由來面對蘇聯軍方，而那時美軍的 RC-135 及 EP-3 早已經帶著所蒐集到的資料安返基地了。不幸的是，那天蘇聯沒按牌理出牌……

九年之後才出現的黑盒子……

〇〇七次班機被擊落後，美國、日本及蘇聯三方均動用不少人力及各種探測儀器，在北海道與庫頁島之間的海底搜尋殘骸及飛機上的黑盒子，想藉由黑盒子裡的飛航記錄器及座艙錄音器來了解到底發生了什麼事。經過兩個月的探索，任何一方都說沒有找到飛機的黑盒子，這也是很奇怪的事，因為當地的海深才不過五百餘呎，是兩架波音七四七機身的長度，而黑盒子中的緊急定位傳送器（ELT, Emergency Location Transmitter）會在飛機墜毀的一個月內持續發射電波，讓搜救的艦艇及飛機用電波定位來尋找。結果當時這三個科技強國卻說什麼都沒找到。

九年後，到了一九九二年十一月，蘇聯終於承認他們在事發當時找到了飛機殘骸中的黑盒子及座艙錄音器，接著將其中的錄音帶交給國際民航組織。而在那同時，美方也承認他們的確擁有當時全套的空地之間的通話錄音紀錄。

於是國際民航組織將〇〇七次班機與航管之間的通話、座艙內飛行組員之間的對話，及美方提供的蘇聯軍方戰管與戰鬥機飛行員之間的對話，按照時間順序排成一整個事件的對話紀錄。這份記錄中清楚記錄著蘇聯軍方的地面管制員於格林威治時間下午六點十五分（〇〇七次班機被擊中前十分鐘），發出「摧毀目標」的指令。美方監聽的飛機聽到了這個指令之後，完全沒有試圖通知韓航客機來阻止這一悲劇的發生！

十分鐘後，格林威治時間下午六點二十六分，韓航〇〇七次班機被飛彈擊中，錄音帶中顯示著〇〇七次班機在它最後幾秒鐘內，駕駛艙中充滿了雜音，那是飛機機艙在中彈後破裂空氣外洩的聲音，不過還是斷斷續續可以聽到副駕駛在絕望中的嘶喊：「……韓航〇〇七……所有發動機……快速減壓當中……降低高度到一零……」那是一個人在生與死之間的最後悲嗥。這與日本監聽中心錄到蘇聯戰鬥機飛行員在發射飛彈後的鎮定語氣：「目標擊中！」形成強烈的對比。

然而，即使所有通話紀錄都已到位，仍可以看出有一雙看不見的手，企圖繼續隱瞞一些事。因為九年前飛機剛被擊落時，日本所提出的錄音帶中的那句「這樣會是血流成河，很慘啊。」已不在錄音帶中！

到今天，這件悲劇已經發生了將近四十年，這麼長的時間在彈指間化為雲霧清煙，所剩下看得見的，只是那兩百六十九名乘客所留下來的破碎家庭。這些罹難者的家庭也許當時在金錢上得到了些微的補償，但他們要到哪裡才能真正討回公道？尤其是臨行前更換班機的馬姓華僑家屬，他們到那裡才能控訴，這一起被幾個強國間「政治魔術」所導致的悲劇？

沒有抵達的貴賓

最後必須一提的是，當天那架〇〇七次班機的頭等艙裡，搭載了美國喬治亞州的眾議員賴瑞・麥唐納（Larry McDonald）先生。他不但是國會議員，更是約翰・博齊協會（John Birch Society，一個美國極右派及堅決反共的團體）的會長。他是應韓國政府之邀前往首爾參加「美韓共同防禦條約」簽約三十年的慶祝活動，同時獲邀的還有北卡羅蘭納州參議員傑西・赫姆斯（Jesse Helmes）、愛達荷州參議員史蒂夫・西姆斯（Steve Symms）、肯塔基州眾議員凱羅・赫伯（Carroll Hubbard）等人。

麥唐納眾議員原本預備搭乘八月二十八日的韓航班機前往首爾，再轉往中華民國。但他由亞特蘭大前往紐約的班機因為天候的緣故而誤點，使他錯過了原先要搭乘的韓航班機。他本可以改搭當天泛美的客機繼續行程，但因為他不願意支付票價的差額，於是他就改搭兩天後的韓航〇〇七次班機。

他搭乘的〇〇七班機在安克拉治落地加油時，正巧赫姆斯參議員所搭的韓航〇一五次班機也在那裡加油。當時赫姆斯曾邀請麥唐納換到〇一五次班機來，與他搭同一架飛機飛往首爾，這樣兩人在路上也可以聊一聊。不過麥唐納卻表示，大費周章去換票太麻煩了。就這樣，麥唐納錯過了最後一次可以避過厄運的機會！

後記

二十餘年前，我曾為美國的《世界日報》撰寫過一篇關於韓航〇〇七班機失事的文章。中國時報駐華府特派員劉屏先生看了該文之後，非常感興趣，於是他由《世界日報》取得我的資料，打電話給我。

我記得我們第一次通電話時就非常投緣，一談就是一個多小時。由自我介紹，到深談至欲罷不能，似乎要將此生之前所有錯過的時光，一下子補齊到位。

之後，凡是有關飛行或是飛機方面的新聞，他都會找我詢問，而我需要對一些時事新聞做進一步了解時，也會打電話給他，而每次通話，都不會在原先話題溝通之後結束，總要再多聊一些彼此近況，有一次硬是將手機的電用完才被迫結束通話。

前幾個月，我告訴他，我正在撰寫的新書裡，會有一篇是促成我們結識的「蘇聯擊落韓航〇〇七次班機」事件的詳細報導，當時劉屛主動提議貢獻一篇與那架韓航班機有關的政治解密，為新書助力，因為他記得那架〇〇七次班機上除了幾位華裔旅客之外，還有兩位外籍旅客是應中華民國政府之邀前來台灣，其中一位就是眾議員麥唐納。幾天之後，我真的收到了他所寫的這篇報導。

沒想到，他沒等到這本書的出版，就在今（二〇一九）年六月四日因病辭世。因此在這本書付梓之際，我特別用這段文字說明我與他之間的緣分，以此紀念我們之間的友誼，因為這篇故事見證了我與他之間的緣起及緣滅！以下就是劉屛對這個事件的內幕報導。

卅多年前那次採訪

劉屏／華盛頓

一九八三（民國七十二）年秋，我剛調到台北，採訪立法院新聞。那時立法院每周二、五舉行院會，對行政部門進行總質詢。「老委員」陸京士一場毫不留情的質詢，意外扯到那時發生未久的大韓航空〇〇七航班空難。

當時陸京士質詢行政院新聞局長宋楚瑜。是罵，也是訓，足足講滿法定時間十五分鐘。當時宋楚瑜是海外歸國的楷模，青年才俊的代表，蔣經國總統跟前的紅人，國民黨人誰不禮讓幾分。偏偏陸京士批的比反對派（那時反對力量尚未組黨）還凶，令人有些詫異。

宋楚瑜彬彬有禮，向院會主席一鞠躬，登台詳細答詢。回答既畢，大家以為事情就此結束。不料陸京士要求再質詢，這在「老委員」是比較少見的。這一回，陸京士不但火力全開，且到了人身攻擊的地步。

那時「形象」一詞開始走紅，大約就是宋楚瑜常說這個詞，因而帶動的。陸京士批道，宋對國家的形象沒什麼幫助，倒是建立了自己的形象云云；又說宋年紀不大，架子不小（或毛病不少？我記不清了）等等。陸罵得實在太不留情面，只見宋坐在官員席上，強忍怒氣，臉色一陣青，一陣白。這不是形容詞，我真的見到宋臉色如此。我還和身旁的新聞同業談及此。

再質詢畢，宋準備再次登台回答。可是坐在主席台另一側的行政院長孫運璿已站起身，示意宋坐下，由孫院長答詢。

孫院長不疾不徐，對宋讚譽有加。然後說道，有一件很重要的工作，宋居功至偉，但未公開，大意是：中華民國政府希望在美國建立發聲管道，由美國媒體為中華民國仗義執言。美國一位聯邦眾議員挺身而出，幾經努力，促成了這件事，已至成熟階段。這位議員日前搭機來台，即是要與台北方面最後敲定，不料搭上了韓航〇〇七班機，墜機身亡。

這位議員麥唐納（Larry McDonald）選自喬治亞州，當時才四十八歲。他沒有直飛台北，因為他要到漢城（今之首爾）參加美韓共同防禦條約三十周年活動。

一道出席的還有另外一位眾議員及二位參議員（其中之一是堅定支持中華民國的傑西·赫姆斯），但後面這三位搭乘的是韓航〇一五，比〇〇七班機晚十五分鐘，順利飛抵首爾。

資深媒體人傅建中曾謂，麥唐納訪問過金門，每每對台灣來客說「Don't forget Ju!」。原來他說的是刻有「毋忘在莒」的著名勒石。

孫院長答詢時，請媒體不要報導此事。那時台灣仍是威權體制，美國批台者不少，所以政府希望藉由美國媒體聲援台灣。時至今日，台灣的民主成就已是舉世公認，再也不必走當年的路子了。

記憶所及，那架飛機上還有一位罹難者令台灣格外嘆息。根據當時媒體報導，機上有一位美國的瀕臨絕種動植物專家，應邀到台灣，準備協助台灣推展這方面的工作，台灣那時這方面剛起步。可惜這位專家因為這起空難而壯志未酬。當時邀請他的是張豐緒（1928—2014），張豐緒曾經擔任屏東縣長、台北市長、內政部長等職，當時應該是政務委員吧。張豐緒曾獲美國新墨西哥大學碩士，那位專家是張豐緒在校園結識的多年老友。

1 VOR（VHF Omni-Directional Range）多向導航台，位於地面的無線電導航台，飛機可以藉著收到的無線電波，計算出飛機與電台之間的相對方位與距離。

2 飛機在將自動駕駛轉換成「慣性導航」狀態時，必須在預定航線的七點五浬之內，否則慣性導航儀無法啓動，而會停留在「待命」的狀態。

第2章

永遠缺席的主人：民航空運公司班機墜毀神岡

第2章 永遠缺席的主人

一九六四年初夏，第十一屆亞洲影展在台北舉行。這是中華民國政府遷台之後，第一次舉辦如此盛大的國際影劇界活動，不但亞洲各國的影劇界名人及影星佳麗前來參加，政府更邀請了好萊塢的電影明星威廉・荷頓（William Holden）前來壯大聲色。

對於正在振興經濟發展的中華民國政府來說，這次影展尤其重要，因為藉此機會，國府也邀請到了馬來西亞的電影大亨陸運濤夫婦（國際電影懋業有限公司創辦人）①，他們將以馬來西亞代表團團長的身分率團前來台灣，在台期間預計和政府有關部門商談在台灣投資的事宜。

災禍前的插曲

影展雖然在政府的費心籌備之下進行的相當順利，但是在六月十八日晚上閉幕典禮中卻發生了一個小插曲：頒獎人宣佈「最佳女配角」由電懋公司的《京華春夢》女主角林翠贏得，此時不但林翠本人覺得突兀，電懋公司的經理王值波更是覺得莫名其妙。因為林翠在該片中是擔任女主角，角逐的也是「最佳女主角獎」，怎麼被頒發了個「最佳女配角獎」？於是王值波當場勸林翠不要上台領獎，更在典禮之後召開記者會，抗議評審不公並說明拒領原因。

影展閉幕之後，行政院新聞局本來安排各國與會人士在第二天前往位於台中的故宮博物院參觀（故宮博物院在一九六五年之前位於台中），然而計劃永遠趕不上變化，新聞局在十八日晚上臨時通知大家，十九日的故宮博物院參觀行程改成二十日，十九日則是前往花蓮遊覽。

絕大多數的貴賓對於這一個改變沒有異議，但是威廉荷頓因為已經決定二十日返美，所以就沒有跟著大家到花蓮，而於十九日當天按照原計劃，單獨前往台中參觀故宮博物院。他臨時脫隊，雖然就失去了觀賞太魯閣鬼斧神工的天然景致，卻也讓他躲過一場生死大劫。

二十日上午，陸運濤夫婦、台灣製片廠廠長龍芳、國泰電影總經理夏維堂，在台灣省新聞處長吳紹璲及行政院新聞局聯絡室主任龐耀奎的陪同下，搭乘民航空運公司（CAT, Civil Air Transport）第一班環島班機前往台中。他們預計在參觀完畢後，於下午五點半搭同一架飛機返回台北。

機組人員與飛機

民航空運公司是由飛虎隊的陳納德將軍（Claire Chennault）在二次大戰結束後所組成的航空公司。這家航空公司雖然是在中華民國註冊，但大部分的飛行員都是美籍，僅有少數的本國籍飛行員專門擔任台灣環島航線的勤務。

當天民航空運公司環島航線所使用的飛機是一架C-46型飛機。這型飛機是美國寇提斯．萊特（Curtiss Wright Corporation）公司在二次大戰期間所生產，曾在駝峰空運中出盡風頭，是一種相當牢靠與耐用的飛機。一九六四年六月二十號那天，這型飛機的機齡雖然已有二十多年，但是在嚴謹的週期保養及定期週檢下，仍處於安全適航的狀態。

那架飛機的正駕駛是林宏基（空軍官校二十四期），於一九五零年加入民航空運公司，總飛行時數是一萬一千八百八十一小時。副駕駛是龔慕韓（空軍官校十期），於一九四八年加入公司，總飛行時數是一萬三千零七十四小時。光是由他們兩位的飛行時數來看，就可以知道是一組經驗豐富的飛航組員。

當天機上空服員是趙惠英及陳清清兩位小姐。趙惠英是韓籍華裔，本來在漢城機場擔任地勤，一九六三年的冬天才調到空服部門擔任空服員。另一位陳清清是前一天才剛完成空服員訓練，她在當年的四月二十七日由幾千人的激烈競爭中脫穎而出，獲得民航空運公司的錄取。訓練期間她又表現優異，奪得同期受訓空服員總成績第一名的殊榮。

本來按照排班順序，二十日的那班環島航線班機該是由另一位空服員周黛蘋執勤，但她在前幾星期跑去算命，被算命師父告知六月二十日是大凶，最好不要出門，否則會有橫禍上身，於是她向公司請了病假。而十九日剛以高分完訓的陳清清，就很高興地接下了當天班次的勤務。

致命班機的環島航線

當天出勤的那架飛機，班次排得相當滿，早上八點由台北起飛之後，一共要飛以下八個航點：

台北（0800 起飛）—台中（0835 落地）

台中（0900 起飛）—台南（0930 落地）

台南（1000 起飛）—馬公（1030 落地）

馬公（1045起飛）—高雄（1115落地）
高雄（1130起飛）—馬公（1200落地）
馬公（1600起飛）—台南（1625落地）
台南（1650起飛）—台中（1722落地）
台中（1747起飛）—台北（1820落地，預計）

零缺點的盛宴

因為這架飛機的第一站與返回台北的前一站都是台中，所以陸運濤一行人可以在早上搭著這架飛機到台中，在故宮博物院參觀之後，傍晚再搭同一班飛機回台北，參加他預備在圓山飯店所舉行的宴會。

陸運濤因為在台灣期間受到政府高規格的招待，加上他前幾天在台北過五十歲生日時，有許多政府官員及朋友致贈禮品，因此在離台前夕，他邀請了六百餘位賓客餐聚，表示他對政府及友人們的謝意。

當時的台灣，圓山飯店是首屈一指的大飯店，也是總統府國宴的指定飯店。即使如此，圓山飯店也很少辦過六百人的餐宴。因此，當天整個飯店的員工都在為那場盛宴忙碌著。

下午五點半，圓山飯店的總領班開始對麒麟廳及金龍廳的場地、桌位編號進行最後檢查，他要確保達到零缺點的服務境界。

上機的人，與下機的人

就在陸運濤等人在台中水湳機場預備登機時，台灣省議會的議長謝東閔先生趕到台中水湳機場，想買一張到台北的機票。但是機場櫃檯的服務員卻告訴他，當天最後一班到台北飛機的最後一張票，在幾分鐘之前才賣出去。在失望心情下正要步出機場的謝東閔，突然看到正在候機室等飛機的台灣製片廠廠長龍芳及台灣省新聞處長吳紹璲兩人，這幾位都是舊識，見了面不免聊聊，然而沒聊幾句龍芳等人就要開始登機，於是謝東閔與他們揮手告別，並互約下次有機會再見。

買到那次班機回台北最後一張票的人，是吳紹璲的夫人石春霖女士。她當天上午由台北搭火車趕到台中，協助吳紹璲處長接待陸運濤等賓客。下午她因沒預訂機票，原本要搭火車回台北，但這時飛機上有一位旅客臨時決定退票，於是石春霖立刻買下了臨時空出來的機票，與吳紹璲一同飛回台北。

那架 C-46 客機還有兩位由馬公登機前往台北的乘客，分別是三十八歲的海軍上尉曾暘及四十八歲的海軍退役軍官王正義。這兩人原先訂的是十九日的班機，後來又臨時改成二十日。在訂票時，他們指定要購買下午經台南、台中前往台北的班機機票，可是當時空軍每天都有一班交通機由馬公直飛台北，凡是軍人及榮民都可申請免費搭乘，民航公司售票處的職員因此詢問他們，為什麼不搭那免費的軍機，而要搭乘對軍人的待遇來說是相當昂貴的民航客機。曾暘告訴售票小姐，他搭過空軍的交通機，覺得坐起來不舒服，又太吵，所以想搭乘民航公司的飛機來開個洋葷。售票處小姐聽了之後，又建議他搭乘由馬公直飛台北的 DC-4 大型客機，這型飛機比環島班機的C-46型飛機更舒適，同時也不需經過台南及台中，可以早一個小時到台北。曾暘這時改口表示，他們要順便去台中辦一點事，所以環島飛機雖然慢，剛好合適他們的行程。售票小姐聽了之後又提醒他們：飛機在台中只停十多分鐘，根本沒有時間讓他們去辦事。但這回曾暘就沒理會售票小姐，只要求趕快開票。

二十日下午三點半鐘，曾暘及王正義兩人在馬公機場隨同其餘的旅客依序登機。我們今日熟悉的機場金屬偵測器，當年並不存在，旅客登機前也沒有搜身等步驟。那天在機場協助旅客登機的一位民航職員清楚記得：曾暘及王正義兩人都拿著一本厚厚的英文書籍。

飛機經台南飛抵台中後，曾暘及王正義兩人並沒有如買票時告訴售票小姐的下機辦事，反而停留在飛機上。飛機也在陸運濤等一行人登機後，於五點三十五分準時起飛。

脫離頻道，明天見……

那架 C-46 由台中水湳機場向南起飛，先是很正常的爬高，繼而轉向東邊，再轉向北邊對著台北飛去。飛行員林宏基起飛後用無線電告訴水湳塔台：「CAT B-908 leaving channel, see you tomorrow。（民航公司 B-908 脫離頻道，明天見。）」，塔台人員也目視著飛機繼續向北飛，到這裡為止一切都很正常。

幾分鐘後，傍晚五點四十分時，水湳塔台發現機場東北方神岡鄉附近有一縷黑煙快速升起。塔台立刻呼叫 B-908，卻沒有得到回應，塔台又與附近的公館空軍基地塔台聯絡（現在的清泉崗空軍基地），詢問他們是否可以與那架 C-46 聯絡，結果一樣無效。於是水湳塔台趕緊通知台北航管中心，B-908 號飛機失去聯絡，可能已墜毀在機場附近。

其實，那架飛機還真是就墜毀在當時台中縣的神岡鄉。根據事發當下正在田裡耕作的一位呂姓農民表示，他聽到飛機由他頭頂飛過，起初並沒當一回事，因為他住在那裡多年，對於每天在同一個時間一定會通過他頭上的民航機早已習以為常了。但是那天飛機的聲音好像異於往常，於是他抬頭向上望，發現那架飛機飛得比平時要低，而且左右搖晃得很厲害。他正納悶飛機為何有如此異常的動作時，飛機突然向下俯衝，在他還沒來得及反應之前，飛機就在他的眼前墜毀了！

六百賓客正在等待

同一個時間，不同的空間，電懋影業公司的影星趙雷、雷震、莫愁，及馬來西亞籍的四位女星，都已站在麒麟廳及金龍廳前面，迎接陸續到來的六百餘位陸運濤邀請的賓客。

五十餘年前的訊息傳達不若今日之快速，因此一直到飛機失事一個小時之後，大部分的客人都已經就座，但是在場沒有任何人知道這場盛宴的主人已經因飛機失事罹難。宴會因為主人未到，遲延了好一陣子都還沒開始，到後來影星趙雷只好用麥克風向客人們說：「由於陸先生夫婦上午到台中參觀故宮文物，原定下午六點半趕回台北，但是直到現在，飛機尚未到達台北，所以無法親自來歡迎各位，謹致最大的歉意，並請大家開始用餐。」客人聽了這些話，也絲毫不覺得有什麼不對，飛機誤點是可以理解的。

在圓山飯店享用晚餐的賓客們，一直到八點鐘都還不知道墜機噩耗，直到中影的總經理龔弘被侍者請到一旁去接一個電話之後，消息就此傳開。

陸運濤先生所搭的飛機失事了！

這個消息迅速在客人之間傳開，大家一時驚訝的不知如何面對，因為那架飛機上許多乘客都是現場來賓熟識的朋友，前幾天大家才在一起慶祝亞洲影展的閉幕。電懋影業公司的影星雷震在接到噩耗後，立刻與其他幾位同事包車前往失事現場。

現場一片混亂

賓客在享用美味餐點的同時，台中神岡鄉的墜機現場已經亂成一團。面對台灣近代史上第一件民航機失事的慘劇，當地的警察完全不知如何控制現場，包括採訪新聞的記者、民航空運公司處理失事現場的人員、消防人員、好奇的民眾……等，數以千計的人士將失事現場擠得水泄不通。

失事現場位於偏僻的鄉間，入夜之後沒有路燈等照明設備，僅靠著警察在現場臨時架設的幾盞乾電池照明燈，這讓趕到現場的民航空運公司的人員，無法進行勘查與搜集失事現場資料的工作。他們帶來的強力照明設備也因為沒有電源，根本起不了任何作用，直到電力公司在有關當局的要求下，在次日清晨三點將電線接到現場之後，大家才看清楚失事現場的慘狀。

政府當局獲悉飛機失事的消息之後，震驚之餘的第一個反應是「怎麼那麼巧是那架飛機？」當局覺得這不是一件單純的飛機失事，因此在民航局展開失事調查之際，情治單位也開始朝著人為破壞的方向展開調查。但在那時戒嚴的情況下，劫機這種公然向社會秩序挑戰的行為，是絕對不可以讓大眾知道的，所以一開始媒體上並沒有報導這方面的調查情形。

當時情治單位最早的調查對象，鎖定幾位本來預備搭乘該班機，但在最後一刻更改行程的人，包括了本來該在那架飛機上執勤但臨時請病假的周黛蘋、一位民航空運公司員工（他持公司免費往返台中機票，但只坐了單程，回程改坐汽車）、一位臨時決定退票的女性乘客。只不過，這幾人經過約談後，都沒有任何嫌疑。

情治人員辦理此案時，還發生了一個有趣的故事。偵訊過程中情治人員聽了周黛蘋表示，自己請假的理由是因為一位算命先生告訴她六月二十日是大凶日，幾位情治人員於是立刻前去找那位算命先生，一來是為了證實空服員的說詞，再來也想讓算命先生替自己算算流年。

手槍竟然未必有關？！

在失事現場處理飛機殘骸及罹難者屍體的有民航局、民航空運公司及警務處等單位，加上班機上面有許多美軍顧問團的人員，因此美國大使館也派出駐華空軍武官參加失事調查工作。

就是那位美國空軍武官，在失事現場殘骸中找到了一本厚厚的美國海軍雷達手冊。他順手撿起來一看，卻發現那本書的中間挖空成一把手槍的形狀。這個發現非同小

本書作者珍藏的當年剪報，可見到挖空的書籍內有手槍的形狀。

可，附近的幾個記者正想拍照存證，不料卻被現場的治安人員制止，情治人員還將書收走。只有《聯合報》的記者在書被收走之前，搶先拍到了一張照片，並在第二天獨家刊出照片。

現場發現那本挖空了的雷達手冊之後不久，就在駕駛艙附近的殘骸中發現了一把四五口徑的自動手槍！找到第一把手槍後不久，在飛機發動機下面又找到了另外一把同型手槍，以及另一本也是中間被挖成手槍形狀的雷達手冊！

有人私自將槍械藏在挖空的書中夾帶上飛機，這在任何時期及任何國家，都是極其嚴重的飛安問題，尤其是那架飛機又在起飛後不久失事墜毀，更是一件犯罪事實相當明顯的事。照理說來，調查人員第一時間就該開始朝著「劫機」方向調查。奇怪的是，當時的台灣省警務處處長張國疆，面對這兩本中間挖空的雷達手冊及兩把手槍，竟然說出「手槍不見得與飛機失事有關」的話！

警務處雖然說手槍與飛機失事不見得有關，但是卻很快地查出那兩本手冊是澎湖海軍第二造船廠圖書館的書，借書卡上的資料顯示兩本手冊都是由曾暘在一星期前借出。而現場發現的兩把手槍上的序號（1866112 號及 1698922 號），也證明了是由海軍第二造船廠的軍械庫中所偷出。

曾暘是海軍第二造船廠的上尉電子官，挖空的雷達手冊是他向第二造船廠圖書館所借出的，手槍是自第二造船廠軍械室中被偷出……任何人看到這些資訊，都會覺得曾暘在失事案中涉嫌重大。因此調查人員到澎湖海軍第二造船廠開始調查，發現曾暘是在六月十七日向單位申請七天病假，理由是要去台北治療肝病。調查人員檢查他的辦公室及寢室，也發現他已將所有私人物品處理乾淨，沒有留下太多東西，同時銀行存款也全部提光，似乎事前預知他將不會再回到那裡。

手槍的來源查出之後，下一步就要查手槍是否擊發過，及正、副駕駛兩人是否受到槍擊。當時美方代表曾建議將手槍送到駐日美軍單位檢驗，確認手槍是否曾擊發，但是這個建議立刻被警務處否決，否決的理由是我方有這方面的檢驗能力。

警務處的化驗室對兩把手槍檢驗之後指出，其中一把（1866112號）沒有射擊過的痕跡，另外一把（1698922號）因為是在飛機發動機下方找到，曾經受過高熱的影響，擊發與否無法確認。

為了讓美方調查人員信服，警務處這時又說，那兩把已經由警務處檢驗過的證據手槍，可以讓美方再次檢驗。於是手槍被送到日本的美軍遠東地區刑事試驗所複驗。經過那裡的檢驗之後，美方於七月九日宣佈，兩把手槍在檢驗前的兩星期內，沒有擊發過。但這時已是飛機失事十九天之後了，因此還是未能解開謎團。

至於正、副駕駛兩人是否受到槍擊？根據當時所公布的驗屍報告，兩人都沒有受到槍擊的跡象，而對正駕駛更做了兩次驗屍，渾身所有破裂處都沒有火藥的反應。

那麼官方的高見是什麼呢？

既然政府單位一再強調「手槍與飛機失事無關」、「手槍未曾擊發」及「正、副駕駛兩人未曾遭到槍擊」，那麼調查單位總要舉證個理由來說明飛機為何失事墜毀。在這種背景下，「飛機故障」及「飛行員操縱錯誤」就成了最容易歸咎的原因。

今日大家所熟悉的「飛機黑盒子」，在一九六四年時，還不是客機上的必備儀器②，所以在調查民航空運公司 C-46 失事原因時，僅能根據飛機的殘骸來判斷飛機失事的原因，而沒有飛機在失事前由儀器所記錄下來的飛機狀態等科學證據。然而，這種根據殘骸的判斷，卻會因人而異：對同樣的一片殘骸，會有不同的解讀。因此在調查飛機失事的原因時，我方政府的調查人員、民航空運公司的機務人員及美國聯邦航空總署（Federal Aviation Administration）前來協助調查的飛航專家，就對某些殘骸的解讀不同而爭得面紅耳赤。

當年七月十五日的《聯合報》第三版頭條新聞的標題是：「飛機逾齡駕駛疏忽」，其中指出根據初步調查報告，「……該機雖經檢驗合格，但總是二次大戰時所遺留，儘管配件相繼更換，然其安全率終遜新機。」另外提到駕駛員的部分則是指出：「……駕駛員自恃技術高超，乃有此次疏忽。」這種說法出現在調查報告中，僅代表了撰寫人的主觀意識，並未論及飛機失事的真正原因，實在很難讓懂得飛行與航空的內行人信服。

民航局同時指出，根據飛機的殘骸研判，這架 C-46 的兩具發動機歧管壓力（Manifold Pressure）相同，兩個螺旋槳的槳葉角（Propeller Pitch Angle）度數也幾乎相同，但左螺旋槳的轉速卻比右螺旋槳高了一千轉以上，明顯地表示左螺旋槳超速，造成左邊的發動機失去拉力，民航局的官員表示當時飛行員該立刻返場落地或是找一塊平坦的地區迫降。根據目擊者的報告，飛機的正駕駛林宏基似乎是想將飛機飛返機場落地，然而他卻犯了一個致命的錯誤，那就是在飛機左發動機失去動力時，將飛機向左轉，這種情形下導致飛機左翼失速，繼而造成飛機墜地的慘劇。

根據以上民航局所判斷的飛機失事經過，本案成為一個飛機發生故障在先，飛行員於緊張情況下操縱錯誤在後，終導致飛機失事的典型案列。

但是民航局所宣稱的飛機失事經過，卻是個莫名其妙的故事。如果兩具發動機的歧管壓力相同，那麼這兩具發動機的轉速及馬力輸出該是相同的；而假如左右兩邊螺旋槳的槳葉角也是相同的話，那麼左發動機螺旋槳的轉速就**絕對不會**比右邊螺旋槳高出一千轉③，這是任何一位曾飛過多發動機（往復式）飛行員都了解的狀況。然而民航局卻將飛機失事的原因歸咎於此，實在是匪夷所思。

據曾在民航空運公司擔任飛行員的張崇斌先生（空軍官校第十八期）回憶，當時公司的總機師迪特斯（Don Teeters）曾因民航局將此理由定調為肇事原因，在會議上公開與民航局槓上。但是在「官大學問大」的哲理下，那種抗議與爭執是不會有任何結果的。

民航空運公司裡的員工都知道飛機是在遭到劫持的狀況下墜毀，而對於當時政府將飛機失事的責任推給公司，大家都異常憤慨。員工們甚至曾上書美國國務卿魯斯克（David Dean Rusk），希望美國官方能出面說一些公道話，但是美國務院規勸民航公司，請他們以大局為重，顧全中美友好關係，不要在飛機失事的問題上再做文章。

民航空運公司創始人陳納德將軍的夫人陳香梅女士，當時也出面勸誡公司內部的美籍職員，不要再在這件事上興風作浪，因為公司日後還有很多地方需要我方政府協助，要是真為這事撕破了臉，對雙方都沒好處。

套句現在的話來說，這件事就在政府有意隱瞞的情況下，被搓湯圓搓掉了。雖然殘骸中的那兩把手槍及被挖空的雷達手冊，代表本案必有不可告人的原因，但在缺乏其它的相關證據，也無法真正了解那兩把手槍與飛機失事之間到底有著什麼樣的關係。

直到中情局解密的文件出現……

隨著時間推移，民航空運公司的 C-46 失事案件就在大家的記憶中淡去，加上民航空運公司在一九六八年因為另一架飛機失事的關係而歇業，目前社會上記得那家公司的人寥寥無幾，遑論那次空難事件了。

當年我國政府雖然以「機械故障」及「操縱錯誤」為此事結案，但民航空運公司內部有些文件曾記錄下當時的一些真實情況。而民航空運公司的幕後老闆就是美國的中央情報局，他們也了解如果將那些文件公開，必定會在當時台灣社會上引發一些反應，於是將公司內部所有關於本次失事的紀錄都列為「密」等級④，要等到四十五年後方可解密。

二〇〇九年三月，我知道當年的這些文件已獲解密，於是就迫不及待地去將那些文件找來看。那幾篇解密的檔案分別是：

- 《由航空醫學的觀點來看B-908號飛機的失事》（A Report on B-908 Aircraft Crash Accident Viewed from the Angle of Aviation Medicine），這篇報導是由民航空運公司醫務處處長鄭文思醫師所寫。
- 「B-908號飛機失事調查報告」（B-908 Aircraft Accident Investigation Report）
- 「失事的調查與研究」（Investigation and Study of the Accident）

當我收到那幾份檔案時，心中真是百感交集。回想那架飛機失事的時候，我才是初中一年級的學生，我當時的知識，對報章上所寫的種種技術性報導如歧管壓力、槳葉角及螺旋槳超速等專有名詞，真是完全不懂。但在四十五年之後，當我拿起那些解密文件時，卻能以專業的眼光，重新解讀這個失事事件。

這幾宗檔案裡面有許多當年報章上都沒有提到的事實，其中的幾個重點包括：

1. 那架飛機在起飛時是客滿狀態，但是在殘骸中有兩個座椅的安全帶是被打開的。同時很明顯地，那兩個座椅在飛機墜地時，並沒有旅客坐在上面的痕跡。

2. 在駕駛艙內，除了正、副駕駛兩人的遺體之外，還發現了另一具屍體，後來那具屍體被證明是與曾暘同時登機的王正義。

3. 根據驗屍報告，由王正義的胸部、腹部器官重創的狀況及左大腿骨嚴重骨折情況判斷，在飛機墜地時，他極可能是站著的姿態。

4. 曾暘是所有罹難者中，唯一身上沒有攜帶任何身份證明文件的旅客。

5. 飛機失事兩天後，六月二十二日中午，台北檢調當局向檢察官要求立刻將曾暘與王正義兩人的屍體火化，檢察官也即時同意。

6. 鄭文思醫師的報告中指出，正駕駛林宏基的頭部右邊有一個小洞，左邊半個臉及額頭部分由內向外翻開，但是驗屍報告中卻沒有這項資料。

7. 副駕駛龔慕韓的遺體火化之後，在骨灰中找到一塊來路不明的金屬物品。

8. 由客艙進入駕駛艙的門由門框脫落，門板的下半部已經破碎，絞鏈尚在門上，門內部的插銷已經脫落並遺失。

9. 由駕駛艙殘缺破碎的儀錶分析研判，飛機失事時左發動機螺旋槳轉速可能是 2627 RPM，右發動機螺旋槳的轉速錶因為受損較為嚴重，因此判讀不是那麼精準，僅能判斷失事時的轉速可能是 1913 RPM，或是 2576 RPM。

10. 由歧管壓力錶研判，左發動機的歧管壓力可能是 45 吋⑤，右發動機則可能是 32 吋或 33 吋。

根據以上解密的文件，加上原先官方公布的資料，很容易地就讓當初民航局所公布的失事肇因不攻自破。因為解密的資料顯示左、右兩具發動機的歧管壓力並不相同，左右螺旋槳的轉速也沒有相差到一千轉，因此左螺旋槳並沒有因為故障而超速。

揭開失事的真相

既然民航局所公布的理由並不成立，那麼那架飛機的失事原因，究竟為何呢？其實根據解密的資料，很明顯的應該就是「劫機未遂」而導致墜機。因為：

1. 曾暘與王正義兩人夾帶手槍上機是不爭的事實。

2. 兩個沒有人坐的座椅，很可能就是曾暘與王正義在飛機起飛後就離開了座位。

3. 飛機駕駛艙門的門板，明顯的由門框脫落及下半部破碎，極可能就是被他們兩人以暴力踢開。

4. 王正義進入駕駛艙後，是站在兩位駕駛員的後面，因此他在墜機時是站立著。

C-46 的駕駛艙情況。（圖：AVIATION, August 1943. Larry McClellan, http://legendsintheirowntime 授權使用。）

5. 正駕駛林宏基的頭部右邊有一個小洞，左邊半個臉及額頭部分由內向外翻開，是典型遭受槍擊的現象。

6. 原始資料顯示，有一把手槍是在左發動機下面找到的，根據C-46的結構圖可以看出，發動機的位置與進駕駛艙的門是在同一條線上，這表示當王正義進入駕駛艙之後，曾暘極可能是站在駕駛艙的門外，以手槍控制所有後艙的乘客。

所以根據以上幾點的推斷，我們可以想像當時在那架飛機裡的情節：

飛機起飛後，曾暘與王正義兩人迅速將夾帶上機的手槍拿出，王正義衝到駕駛艙門口，用力將駕駛艙門踹開，衝了進去，用槍指著正駕駛的頭部，命令他將飛機飛往某個地點（很可能是中國大陸）。在這同時，曾暘則站在駕駛艙門口用手槍指著客艙裡的客人，要他們不可輕舉妄動。

然而根據民航空運公司美籍飛行員 Felix Smith 的回憶錄⑥，民航局曾以書面通

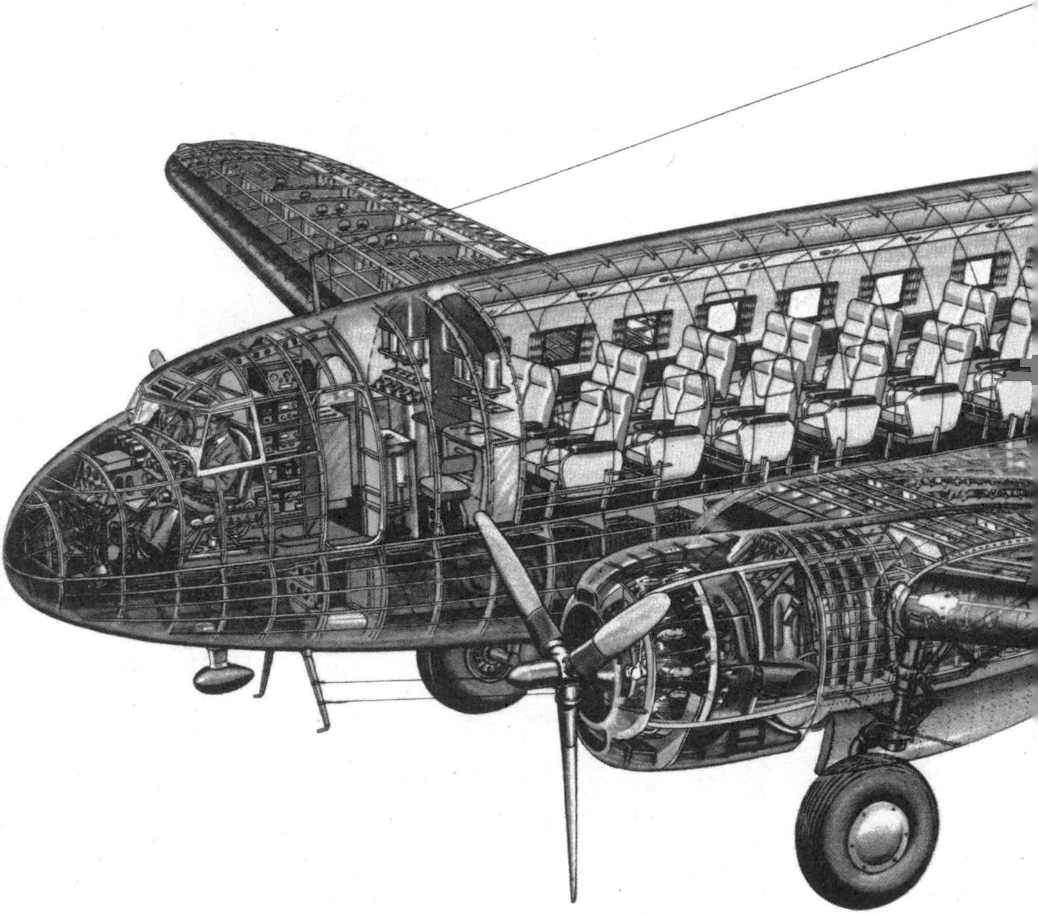

本圖中可看出發動機的位置與駕駛艙門是在同一線上。（圖：FLYING, June 1945. Larry McClellan, http://legendsintheirowntime 授權使用。）

知民航空運公司，如果有飛機被劫持飛往大陸時，會有被軍機攔截並擊落的可能，後來那個書面通知事後雖然被民航局收回，不過命令並未被取消。所以，機上兩位空軍出身的飛行員在多年來「漢賊不兩立」的教條薰陶下，當然知道飛機在飛往大陸的過程中可能會被擊落，因此寧死也不肯飛往大陸。

在飛行員拒絕飛往大陸的情形下，王正義只有開槍，因為他知道飛機如果不去大陸，而在台灣任何一個機場落地，他及曾暘兩人絕逃不過一死，因此他只能選擇同歸於盡一途，全機其餘的五十五位機組人員及乘客就成了這場悲劇中的陪葬。

以上雖然是最可能發生的場景，但還存在著一個未解的關鍵問題：如果曾、王兩人行動目的僅是要劫機去大陸的話，為什麼不在由馬公起飛之後就劫機，而要等到由台中起飛之後再行動？由馬公直飛大陸要比由台中去近得多，同時被我方軍機攔截的機會也較少。因此，這個答案應該就是：曾、王兩人知道陸運濤等貴賓會在台中登機，**若能夠將陸運濤等人劫持到大陸，對當時的政府絕對會造成無法想像的衝擊！**

有了以上假設之後，就衍生出另一個問題，那就是：曾、王兩人是如何知道陸運濤等人到台中的參訪行程？怎麼知道那個行程臨時更改到二十日？當年飛機在台中失事的重大消息，都花了兩個多小時才傳到台北圓山飯店，曾、王兩人怎能在十八日當天就知道陸運濤等人到台中的行程改到二十號？**這是否意味著有某些知道內情而又想讓政府難堪的人士在指點他們兩人？**

這些我們都可以邏輯推理、歸納演繹想到的問題，我想政府當年一定也已想到。在將整個事件的責任，推到民航空運公司及飛行員身上的同時，我覺得政府絕對曾經大規模的調查此事，爬梳細節，釐清概念。只不過，為了國家的顏面與政治社會現實考量，那些調查的結果，應該絕不會公諸於世。

如今，民航空運公司歇業已經超過半個世紀，陸運濤空難逝世後對香港影劇界的影響雖然巨大，但是經過這麼多年，也不再有人了解那些影響的緣由，更不會有人去追究那場空難的真實原因了！

只是，在撰寫本文時，我仍不禁會想：除了曾、王兩人之外，是否真有那個藏鏡人在幕後指點呢？

1 陸運濤（一九一五——一九六四）祖籍廣東鶴山，生於吉隆坡，為馬來西亞的富商，是馬來亞錫礦大王陸佑的四子，曾就讀英國劍橋大學專攻文史，再至倫敦學院修習商業管理與經濟學。他繼承家族的龐大產業之後，於一九五六年成立電影懋業公司（簡稱電懋），擁有六十多間電影院及酒店，餐館及航空公司等事業。

2 美國聯邦航空總署是在一九六七年三月之後，才規定客機上必須裝配黑盒子來記錄飛行中的飛機狀態。

3 這就像兩輛相同的汽車，如果引擎的轉速相同，而又放在同樣的排檔，那麼兩部汽車的速度該是相似，絕對不會有一輛車比另一輛快出許多的情形。

4 美國政府機密文件一共有三個等級，它們分別是：「密」（Confidential），「機密」（Secret）及「極機密」（Top Secret）。

5 45吋是指的45英吋水銀柱（In Hg），那是顯示壓力的單位，歧管壓力通常是用來衡量發動機的功效。

6 Felix Smith的回憶錄書名為《中國飛行員：冷戰時期為了陳納德而戰（China Pilot: Fighting for Chennault During the Cold War. Washington DC.: Smithsonian Institute Scholarly Press, 2000.）》

第3章

如何尋找一架失蹤的飛機：馬航三七〇次班機

第3章 如何尋找一架失蹤的飛機

至今未解的懸案

一九三七年七月二日上午，美國海岸警衛隊的補給艦伊塔斯卡號（USS Itasca）在南太平洋的豪蘭島（Howland Island）碼頭上，焦急地等待著由兩千兩百浬以外的新幾內亞飛來的一架洛克希德雙引擎伊萊克拉式客機（Electra）。在那個導航與助航設施相當簡陋的年代，飛機上的領航員在越洋飛行時，必須倚靠六分儀測星象來確定飛機的位置，接近目的地的時候就要靠無線電定位來尋找機場。伊塔斯卡號當天的任務就是在豪蘭島提供無線電定位服務，好讓那架飛機可以順利的找到面積僅有一平方公里的豪蘭島。

當天遠跨大洋由新幾內亞飛來的雙引擎小客機，是由艾米莉雅．鄂哈（Amelia Earhart）所駕駛，她是當時世界上最出名的女性飛行員，曾經繼林白（Charles Lindbergh）之後成為第一位駕機橫渡大西洋的女性。

一九三七年艾米莉雅決定要創下另一項航空紀錄：環繞世界一周。雖然先前已有人駕機環繞過地球，但是艾米莉雅所計劃的兩萬九千浬航程卻比之前任何一組飛行家的航線都要長——她所計劃的航線幾乎是順著赤道飛行。

除了航程漫長，艾米莉雅所設計的航線也極具有挑戰性，尤其是由新幾內亞到豪蘭島的那一段，是整個計劃中最艱難的。因為豪蘭島僅是一個長度約兩公里、寬度約半公里的小島，島上沒有無線電台的助航設施，僅靠著觀測星象的方法在茫茫大海上飛行兩千兩百浬之後，要去找到這個蕞爾小島，真是有如大海撈針般的困難。為了協助她完成環球壯舉，美國政府派了一艘補給艦到豪蘭島，希望船上的無線電在艾米莉雅飛到豪蘭島附近時，可以提供導引的功能。

然而艾米莉雅始終未能與艾塔斯卡號補給艦取得聯絡，艦上的無線電通訊員可以很清楚的聽到艾米莉雅用高頻（HF, High Frequency）無線電所發出的訊息：「我們一定是在你上空，但是看不見你，目前已經低油量，無法與你用無線電聯絡，目前飛行高度是一千呎。」收聽到的這個無線電語音訊號相當清楚，表示艾米莉雅的飛機一定就在補給艦附近，可是艾米莉雅卻接收不到伊塔斯卡號所發出的無線電語音訊息。

伊塔斯卡號除了試著用不同的無線電裝備與艾米莉雅聯絡，更請輪機部門改變鍋爐的燃燒程序，使煙囪中釋放出濃濃的黑煙，希望顯眼的黑煙能引起艾米莉雅的注意，但是這些措施依舊無法與艾米莉雅取得聯絡，時間就在焦急中悄悄流失。到了上午十點鐘左右，伊塔斯卡號上的無線電已經再也聽不到艾米莉雅的聲音了，通訊員不斷著對著麥克風呼叫，但回覆的只是偶爾傳來的靜電聲音。聚在無線電室中的艦長與其他關心此事的船員都沈默無言，他們臉上的表情寫著沈重的心情，因為他們都知道，那架飛機的燃料，在這個時候應該已經用完了。

為了尋找艾米莉雅的蹤跡，美國總統羅斯福下令海軍與海岸防衛隊盡全力在豪蘭島附近進行搜救。附近的幾個國家如澳洲、紐西蘭及日本也都派出船隻參與搜救行動。

花費了四百萬美金（當年的幣值）及搜救了十五萬平方英里的海面之後，搜救隊伍沒有發現任何蹤影，艾米莉雅與她的領航員及那架飛機就像是人間蒸發了似的。官方的搜救行動於當年七月十九日終止之後，艾米莉雅的丈夫又自費雇用搜救人員前往豪蘭島附近所有的島嶼，希望能找出蛛絲馬跡，但這也是徒勞無功。

今日還可能有飛機失蹤嗎？

艾米莉雅失蹤那年，距萊特兄弟發明飛機僅僅三十四年，雖然當時飛機的性能已經可以橫渡大洋，但是以今天的眼光來看，那些飛機實在簡陋到可憐的地步。因此艾米莉雅在大洋上飛行了兩千兩百餘浬之後，沒能找到那小島，而在茫茫大海中失蹤，實在是其來有自。

艾米莉雅失蹤至今已超過八十年，期間有不少歷史學家、探險家及航空迷都曾對這件歷史懸案發生興趣，雖然他們都知道艾米莉雅一定是在飛機燃油用罄後於海上迫降，但是大家卻都想知道那架飛機確實的迫降地點，及艾米莉雅如何度過她的最後時刻。在無法確知的情況下，許多陰謀論開始流傳，這也是人們在追求答案不成後，為了滿足好奇心之下必然的結果。

在二十一世紀的今天，飛機不但能以更快的速度橫渡大洋，更可以隨時精確地掌握飛機的位置，各地的區域航空管制中心還可以隨時知道在管制之下的每一架飛機的動向。這種情況之下，當年艾米莉雅在大海上失蹤的事，幾乎是不可能重演。真的嗎？結果，這種事不但再度發生，其荒誕程度甚至比艾米莉雅的故事更離奇、更嚴重，因為這是一架載著兩百二十七位乘客及十二位組員的馬來西亞航空公司波音七七七型客機，由吉隆坡飛往北京的途中，無蹤無影的消失在大洋上！

艾米莉雅失蹤的故事，發生在我出生之前十五年。我對這樁歷史懸案的了解是透過各種不同的書籍內容所得到的。而不久前失蹤的馬航波音七七七型客機，則是發生在我由航太界退休之後，在事發後我幾乎天天都關注新聞上有關此事的報導，也多方面去了解各界針對此事的各種「爆料」，因此我對馬航班機的失蹤案件，可以算是相當了解。

二〇一七年我撰寫的《飛航解密》出版後，好幾次接受電台訪問時，就數度被問到有關馬航三七〇班機的失蹤問題，而我也曾就我對那件事的了解，經常向外界解說。根據報導，這件事的經過是這樣的：

馬來西亞航空公司第三七〇次班機於二〇一四年三月八日午夜十二點四十六分，由吉隆坡機場起飛前往北京，機上大部分是中國籍的乘客。他們在飛機起飛之後，該是很快的進入夢鄉，期待著一覺起來就可以回到國內。

起飛後，飛機在離場台的管制下爬高，並向東北方的第一個檢查點飛去。四分鐘以後，飛機通過第一個檢查點時，與吉隆坡區域航管中心聯絡，並在航管中心的指示下繼續向東北方爬高。凌晨一點零一分時，馬航三七〇次班機機長向航管中心報告飛機已在三萬五千呎改平，並按照原先計劃中的航線向越南飛去。至此，馬航三七〇次班機的所有行徑都是相當正常，沒有任何可疑之處。

晚安，馬來西亞三七〇……

一點十九分，吉隆坡區域航管中心呼叫三七〇次班機：「馬來西亞三七〇，請與胡志明航管中心聯絡，120.9①，晚安。」

馬航三七〇次班機簡短地回答：「晚安，馬來西亞三七〇。」這一句話，就是那架飛機與文明世界的最後一次語音聯絡。

按照正常情況，馬航三七〇次班機應該立刻將無線電的周波轉到120.9MHz，向胡志明航管中心報到。但是，胡志明航管中心並未接到馬航三七〇次班機的任何訊息。

直到凌晨一點三十分，胡志明航管中心不但還沒有聽到馬航三七〇次班機的報到訊息，在它的雷達幕上也看不到那架飛機的蹤影②。

一點三十八分，胡志明航管中心通知吉隆坡航管中心，它無法與馬航三七〇次班機取得聯絡，而且那架飛機也從雷達幕上消失了。

一架載著兩百多人的巨型客機由雷達幕上消失，而且是在飛機上的飛行員完全沒有發出任何緊急呼救的情況下，就由雷達幕上消失，並且中斷了與航管中心的語音聯絡，這是相當嚴重的一件事，也實在是很難令人相信的一件事。因此在接下來的二十分鐘內，胡志明航管中心與吉隆坡航管中心互相聯繫了五次，確定在雙方的雷達幕上都沒有那架飛機的蹤影，接著吉隆坡航管中心才與馬來西亞航空公司的航務處聯絡，詢問有沒有該次班機的消息。

消失的班機，竟然出現在不同的地方

馬航航務處的一位職員接到吉隆坡航管中心的詢問之後，於兩點零三分回覆吉隆坡航管中心：馬航三七〇次班機當時正飛在柬埔寨上空。

胡志明航管中心接到吉隆坡航管中心轉告有關馬航三七〇次班機的位置之後，就立刻與柬埔寨金邊的飛航中心聯絡，想確定金邊的雷達上是否可以看到那架飛機。可是金邊飛航中心的答覆再一次令人失望。胡志明航管中心只好又回到吉隆坡航管中心，告知金邊飛航中心看不見那架飛機，請吉隆坡航管中心再度確認飛機的所在位置。

兩點十五分，馬航航務處再一次回覆吉隆坡航管中心：馬航三七〇次班機正飛在柬埔寨上空。

兩點十八分，吉隆坡航管中心將「馬航三七〇在柬埔寨上空」的訊息又傳遞給胡志明航管中心，還不忘詢問胡志明航管中心：按照計劃，這架飛機是否應該進入柬埔寨上空？胡志明航管中心回覆：按照馬航三七〇次班機所提交的飛航計劃，該機僅該經由越南飛往中國，不需要進入柬埔寨領空。

兩點三十五分，吉隆坡航管中心再度與馬航航務處聯絡，並要求提供馬航三七〇次班機的「確實位置」，這次馬航航務處表示該機一切正常，根據兩分鐘之前所下載的資料顯示，該機當時的位置是東經一〇九度十五分、北緯十四度九分（亦即越南外海）。

雖然馬航的航務處把該機當時的位置提供給吉隆坡航管中心，可是公司航務處當班的主管開始覺得事情有些不對。他發現，那架飛機與地面自動聯絡的「航機通報系統」（ACARS, Aircraft Communications Addressing and Reporting System）已經被關掉③。於是他在二點三十九分試圖利用衛星電話與三七〇次班機聯絡，但是電話無法接通。

二點五十三分，胡志明航管中心還是無法與那架飛機取得任何聯絡，於是要求在附近的另一架馬來西亞航空公司第三八六次班機以緊急波道（121.5MHz）呼叫馬航三七〇次班機。同樣的，馬航三七〇次班機仍然沒有任何回覆。

三點三十分，馬航三七〇次班機已經失去聯絡兩個小時了，馬航航務處主動通知吉隆坡航管中心，表示先前幾次所提供的飛機位置資料是「根據飛機的飛航計劃推判，並非飛機的確實位置」。

儘管有這麼多的證據顯示馬航三七〇次班機確實已經「失蹤」，可是馬航與吉隆坡航管中心似乎沒有很在意這件事。要到飛機失去聯絡四小時，也就是到了清晨五點半的時候，吉隆坡航管中心值班主任總算啟動了「飛航搜救協調中心」，開始與各有關單位協調搜救事宜。

新加坡航管中心在獲悉吉隆坡航管中心已經啟動飛航搜救協調中心之後，一位新加坡航管官員告訴吉隆坡航管中心，根據他們的資料，那架馬航三七〇次班機「從未離開馬來西亞領空！」吉隆坡航管中心在得到這一資訊後，也沒有好奇地進一步詢問新加坡航管中心這個資訊的來源根據。

誤點！

清晨六點半，北京機場候機大廳牆上的電子看板上，顯示著各航空公司不同航班的預定抵達時間與實際抵達時間。馬航三七〇次班機標出的預定抵達時間是六點半，但在備註欄裡卻標註著「誤點」。除此之外並沒有任何其他資訊。

許多接機的人看著電子看板上僅標註著馬航三七〇次班機將會「誤點」，卻沒有新的預計抵達時間，於是都到馬航的櫃檯去詢問。不過馬航服務人員也是一問三不知，使得接機的家屬、親友相當不滿。

七點半鐘，人群已經把馬航北京機場的櫃檯重重圍住，要求負責人出面說明飛機會何時才會抵達。此時馬航在吉隆坡的總部終於發布了一則新聞，表示該公司第三七〇次班機在清晨兩點四十分時失去聯絡。

這則新聞很快傳到了北京，一時之間馬航櫃檯前的人群情緒幾乎失控暴走，大家對該公司這種「明知飛機在兩點四十分就失去聯絡，到了六點多還以『飛機誤點』的訊息來誤導大家」的態度感到憤怒。

飛機失去聯絡的地方，恰好是吉隆坡航管區域與胡志明航管區域交會處，因此大規模的搜救行動就在當地的海域展開。除了馬來西亞、越南都派出搜救船隻與飛機，中國大陸、日本、新加坡、澳洲、紐西蘭及美國都曾派出飛機或船隻參與搜救行動。中華民國政府在馬英九總統的指示下，也曾派出海軍艦艇及空軍的 C-130 運輸機在南中國海上參與搜救行動。

搜救行動開始的第二天，馬來西亞空軍司令達烏德表示，那架馬航三七〇次班機「很可能曾飛返吉隆坡」。這番話一開始並未受到媒體的重視，而馬來西亞總理納吉更是公開否認這則消息。當媒體再度詢問馬國空軍司令有關那架飛機失蹤的事時，他竟然否認自己曾說過那架飛機「曾飛返」！

換個角度找，就找到嚇人的情資

就在各國全力於南中國海上搜救失蹤的波音七七七客機之際，位於英國倫敦的國際海事衛星組織（Inmarsat, International Maritime Satellite Organization）內的幾位工程師卻決定從另一個角度來搜救那架飛機。這些專家知道波音公司出產的飛機上都有一個自動與人造衛星聯絡的裝置，那個裝置每小時自動發出訊號，將飛機的運行狀態發給國際海事衛星組織的人造衛星。

這些資料，接著會由波音公司下轄的一家公司定期整理出來，轉交給航空公司，航空公司藉由那些資料便可了解飛機各項系統的運轉狀況。這是一種付費的商業服務，航空公司必須向那家公司購買這項服務，才能定期收到飛機的運轉報告。雖然馬來西亞航空公司並未付費使用該項服務，但是飛機上的那個裝置仍會定期與人造衛星聯絡。

國際海事衛星組織的幾位工程師取得了那架波音七七七的序號之後，就開始在他們的資料庫中尋找該機的相關資料，想由資料中了解飛機的最後位置。工程師們很快就找到了他們所要的資料，而且這些資料使得每一位參與的工程師都驚嚇到目瞪口呆，不敢相信他們得到的資料。

原來，這一批資料告訴工程人員：**馬航三七〇次班機與地面失去聯絡之後，又持續在天空飛行了七個小時！**飛機最後一次與衛星聯絡，是在三月八日上午八點十九分！

這實在是令人無法相信的事，因為這表示，當馬來西亞航空公司公開宣佈那三七〇班機已經失蹤的那個當下，那架飛機其實還在天空飛行！

國際海事衛星組織將這批資料整理出來之後，於三月十日將那些資料交給馬來西亞政府。沒有想到馬來西亞政府在得到那些資料之後，竟然立刻公開表示「不可能！」

儘管馬來西亞政府官方不相信國際海事衛星組織所提供的衛星資料，但是波音公司在研究了這些資訊後，也於三月十二日表示，那些訊號確實是由失蹤的馬航客機所傳送出來的！

航線的大逆轉

波音公司的證詞，迫使馬來西亞政府在三月十五日終於承認，馬航第三七〇次班機在失去聯絡後曾調轉機頭，返回馬來西亞。

馬國政府除了承認那架飛機曾調轉機頭返回馬來西亞，也提供了馬來西亞空軍雷達單位在失事當天晚上所錄到的雷達影像。在影像中，一架沒有詢答機（Transponder）資訊的光點④，於馬航三七〇次班機失蹤的同時，從馬來西亞北方南中國海方面，對著馬來西亞飛來，那個光點在通過馬來西亞上空之後，於檳城附近向右轉，對著麻六甲海峽方面飛去。

馬來西亞政府在公布這些消息之後，引來許多參與搜救國家的不滿。他們認為，根據馬來西亞空軍的雷達資訊顯示，馬來西亞政府在第一時間就已知道那架飛機曾調頭折返，但是卻為了一些外界所不知道的原因，沒有對外宣佈這項資訊。這樣不但耽擱了寶貴的搜救時間，更讓各國政府花了許多冤枉錢在南中國海上尋找一個根本不存在的目標。

馬來西亞《新海峽時報》也在那時報導，根據手機公司的通聯紀錄，三月八日夜裡當馬航三七〇次班機通過檳城附近時，手機公司在檳城的地面基地台曾收到副駕駛的手機訊號，訊號顯示他曾試圖撥打一通電話，可是號碼尚未撥完就倉促中斷。

泰國政府在馬來西亞政府宣佈飛機曾折返的消息之後，也在三月十八日表示，泰國軍方雷達在馬航三七〇次班機失蹤幾分鐘之後，就看到一個不明機的光點，由南中國海向馬來西亞飛去，並在橫過馬來西亞領空後，於檳城附近右轉對著麻六甲海峽方向飛去。

要從哪裡找起

既然國際海事衛星組織所提供的資料，是那架飛機在失去聯絡之後唯一留下的對外通訊記錄，衛星工程師們就根據所得到的資料，開始演算及研判飛機最後的位置。他們將衛星運轉的速度、位置、飛機速度、發出訊號被衛星收到的時間等已知資訊，套入一套繁雜的公式，推算出飛機最後一次與衛星聯絡時的地點，應該是在印度洋的東南方、澳洲以西的海面。

即使有了飛機最後的大概方位，要在茫茫大海中尋找那架飛機，也真是像在大海撈針般的困難，尤其是在沒有任何殘骸漂浮可資判斷的狀況下，就更難決定由哪邊開始尋找。

失事調查員在參與任何飛機失事調查時，都會先找飛機上的黑盒子及座艙錄音機，希望由那些裝備上所記錄下來的資訊，了解飛機失事的真相。因此在搜尋馬航三七〇次班機時，那兩樣裝備也就成了搜救的重點，每一艘搜救船隻上的聲納都很專心的試著去收聽黑盒子所傳出的聲波訊號⑤。

在澳洲西部海域搜救了兩個多月之後，沒有找到任何飛機殘骸，雖然澳洲的一艘搜救船隻曾短暫的聽到黑盒子所發出的聲波，卻無法定位，而黑盒子裡的電池僅能在飛機失事之後維持一個月左右的電力，因此第一波的搜救行動就於二〇一四年五月二十八日終止。

不過，二〇〇九年間法航四四七次班機失事之後，殘骸是在兩年後才在大西洋的深處被找到（過程可參考我所寫的《飛航解密：美國航太專家關於飛航安全、訓練與管理的大解密》一書），所以參與搜救的幾個國家都認為，如果假以時日，馬航三七〇次班機的殘骸及黑盒子終會被找到。

於是第二波的搜救行動由二〇一四年六月底開始，由馬來西亞、中國及澳洲所組成的搜救隊伍再度開始在澳洲西部的海域展開，只是這次是專注於海底的搜尋，一艘深水無人潛艇由搜救船隻拖著在那個海域深海下的海床上，藉著遙控攝影機掃瞄著海底，希望能找到飛機的殘骸。

二〇一五年七月底，在幾個國家還專心地在澳洲西邊海域找尋那架飛機的蹤跡時，一塊飛機的殘骸卻飄到了搜救地區以西兩千五百哩處的法屬留尼旺小島。那塊殘骸被送到法國的土魯斯（空中巴士總部的所在地）去檢驗之後，被證實是馬航三七〇次班機右翼上的襟副翼⑥。根據那個襟副翼的良好狀況，失事調查員認為那個襟副翼在飛機墜海時並未被放出。

調查人員再根據襟副翼漂到留尼旺小島的時間，及印度洋潮流的方向與速度往回推算，認為所搜救的地點應該就是飛機墜海的位置。這個消息給了搜救人員相當大的鼓舞。

然而，一時的鼓舞並無法長久的支持搜救活動，在經年累月的面對著空曠的大海及水下無人潛艇所傳回的失望資訊之後，馬航三七〇次班機的搜救行動，終於在二〇一七年一月十七日劃下句點。

在宣佈搜救行動結束時，一位搜救人員表示，馬航三七〇次班機的搜救活動是空前的，在人類的歷史上，從來沒有那麼多的國家，花了那麼多的時間、精力與金錢去尋找一架失蹤的飛機，而卻毫無結果。

他忘了七十餘年前搜尋艾米莉雅的故事！

艾米莉雅失蹤後的七、八十年間，不斷有人募資前去南太平洋各小島或是附近的深海海床尋找艾米莉雅迫降的蹤跡⑦。在找不到任何飛機殘骸，而又不相信官方對整個事件的解釋下，許多有關那架飛機及艾米莉雅的陰謀論就不斷地在坊間傳開。

而這一次馬來西亞航空第三七〇次班機的失蹤，在同樣也找不到飛機的情況下，各種不同的猜測與陰謀論就開始發酵。

劫機說，起火說

先是在那架飛機失蹤後，有一位義大利人及一位奧地利人在報上看到自己的名字也列在失蹤的旅客名單中，他們在驚訝之餘，向有關方面報告此事，這才被發現原來有兩位伊朗籍的乘客是冒用那兩人的護照登機。這個消息在剛傳出之際曾引起了許多人的注意，讓人有了許多與恐怖組織劫機方面的聯想空間，但仔細追查那兩人的背景之後，發現那兩人是拿著真的伊朗護照離開伊朗，到了馬來西亞之後，再經由另一位伊朗人的仲介，買到了一本意大利護照及一本奧地利護照，然後以那兩本護照上的名字買了兩張經北京前往阿姆斯特丹的機票，他們在出發之前曾通知他們在當地的親人，飛機抵達的時間。由這些背景資料判斷，那兩個伊朗人只是因為無法依正常手段取得簽證，因此想經非法路徑進入歐盟，並無劫機的意圖。

也有人曾懷疑可能是飛機上的電子艙起火，導致答詢器及ACARS系統失效與關閉，這種說法雖然可以解釋那兩種系統關閉的原因，但無法解釋飛機在起火的狀況下如何能繼續飛行七個小時。更何況飛機在調轉機頭之後，曾通過馬來西亞一個空軍基地上空，而沒有緊急落地，因此起火一說實在是個說不通的假設。

除了以上這兩項劫機與電子艙起火的猜測之外，還有許多其他的臆測與陰謀論述，在此就不一一贅述。其實完全由官方發佈的消息來研判這件飛機失蹤的案件，就會發現其中有許多不符合常理的地方，在此我就以一個從事航空業超過四十年的專業人員角度，來釐清馬來西亞政府所公布消息中，有哪些是值得進一步深入探討的地方。

六大疑點，答案在馬國政府手裡！

對狀況最清楚的馬航航務處，為何報出錯誤的位置？吉隆坡航管中心曾在胡志明航管中心表示無法與那架馬航三七〇次班機聯絡的時候，三度與馬航的航務處聯絡，詢問該機飛行的位置。馬航航務處兩度回答該機是在「柬埔寨上空」，雖然稍後馬航航務處表示先前那幾次報告是「根據飛機的飛航計劃推判，並非飛機的確實位置」，但是馬航三七〇次班機當晚飛航計劃中的航線，並不包含「經過柬埔寨」這一段，馬航航務處也一定了解那架飛機由吉隆坡飛往北京的航線該走哪裡、不該走哪裡。這不禁使人懷疑：馬航航務處的人是根據什麼資料，將錯誤的資訊提供給航管中心？其動機又是為何？

飛機明明還在飛，馬國政府為何說沒有？飛機失蹤後，馬來西亞與越南立刻展開搜尋，在飛機失蹤處開始大規模的搜救行動。搜救行動進行到第三天時，英國的國際海事衛星組織將衛星資料提供給馬來西亞政府，表示那架飛機在與航管中心失去聯絡之後，還繼續飛了七個小時。這個消息對於一個正為了飛機失蹤案件焦頭爛額的政府來說，該是一則極具價值的情報，但是馬來西亞政府卻在沒有仔細研究資料之下，就聲稱那架飛機「不可能」又飛了七個小時。馬來西亞政府為什麼會在這種情況下，拒絕相信那則消息？

後來馬國政府為何改口承認，雷達看到三七〇班機？一直要到波音公司證實了國際海事衛星組織資訊的可靠性，馬來西亞政府才表示其實他們本國的防空雷達，曾一路監視一個由馬航三七〇次航班失蹤處朝著馬來西亞飛來的一個光點！

馬國空軍為何不攔截「不明機」？馬來西亞空軍在防空雷達所看到那架飛機的光點，應該就是馬航三七〇次班機，因為飛機上答詢器被關掉之後，防空雷達上只會看到一個光點，而沒有任何有關那架飛機的資料。因此對於馬來西亞空軍來說，那個光點應該就是一個「不明機」！馬來西亞的空軍在看到一個不明機的光點在向自己的領空飛來時，該會命令待命中的戰鬥機緊急起飛，去查明那個不明機的身份，然後將那架不明機驅逐出境，或是引導降落。但是當晚馬來西亞空軍卻沒有對那個光點做出任何行動，任由那架理論上的「不明機」飛越領空。馬來西亞國防部長胡森（Hishammudin Hussein）在被問及為何沒有派出戰機前去攔截那架「不明機」時，表示「既然（我們）知道不會將它擊落，為何要派戰鬥機前去攔截？」這表示，他了解那並不是一架「不明機」，而且知道那是一架什麼飛機。

馬國政府為何任由各國在錯誤的地方搜救？根據馬來西亞國防部長的說詞與空軍防空雷達的資料，馬來西亞政府其實根本知道飛機不是在馬來西亞與越南之間失蹤的，這不禁會讓人對馬來西亞政府任由國際協尋救援行動在根本不會是飛機失事的地點，浪費時間與資源，矇頭忙著尋找失事班機。這背後的原因高度令人起疑。

馬來西亞政府到底想要隱瞞什麼？這要由人的天性來談，通常一個人在處理複雜、棘手的事務時，除了會與相關人員討論、商量對策之外，不會願意對局外人談起這件事，遑論談及事務的細節。根據這個天性，我認為馬來西亞政府一定知道那架飛機上發生了什麼事，只是不方便對外界說明、更不願引來外力介入而已。

從專業角度判斷事發經過

由另一個角度切入此事，如果馬來西亞政府完全不知道馬航三七〇次班機上發生了什麼事，唯一的訊息僅是由航管中心所報來的飛機失蹤，那麼馬來西亞政府所該做的第一要務，將是與空軍聯絡，看看空軍的防空雷達上是否可以看到那架飛機。而如果防空雷達上可以看到一個沒有答詢器資訊的光點，由馬航三七〇次班機失蹤處往馬來西亞飛來時，那麼馬來西亞政府該要立刻下令擔任警戒的戰鬥機緊急起飛，前去攔截那個「不明機」，一來可以確定不明機是否就是「失蹤」的馬航三七〇次班機，二來如果不明機並非馬航三七〇班機的話，也可以確定不明機是否懷有敵意，是否預備侵犯領空，畢竟那是空軍的責任。

然而馬來西亞政府與空軍沒有採取以上任何一項作為，而僅是在雷達上監視那架「不明機」。軍方所給的理由竟是「既然『知道』不會將它擊落，為何要派戰鬥機前去攔截？」這種情況下，我認為馬來西亞政府與空軍其實「知道」的並不只是

「不會將它擊落」而已。

除了馬來西亞政府對這件事沒有說清楚講明白之外，其他幾個國家也沒有將所知相關細節狀況全盤說出。例如，泰國在飛機失蹤後十天才宣佈，在馬航三七〇次班機失蹤幾分鐘之後，泰國軍方雷達就看到一個不明機光點由南中國海向馬來西亞飛，並在橫過馬來西亞領空後，於檳城附近右轉對著麻六甲海峽方向飛去。

泰國宣佈此事的時間，是在馬來西亞政府承認馬航三七〇次班機曾「折返」之後三天，這個宣佈的時機也頗具玄機。泰國為什麼不在第一時間就宣佈他們知道馬航三七〇次班機曾折返？我認為那是因為他們根據馬來西亞政府所宣佈的資訊，與他們自己軍方雷達資料相比，知道馬來西亞政府在這件事上沒有說實話，在不知道事情的真相之前，泰國不願意貿然宣佈他們所知道的事，免得讓馬來西亞政府瞭解泰國政府到底知道它多少事。

同樣的理由之下，我們很可能無法知道其它幾個鄰近國家對馬航三七〇次班機的下落，到底知道多少——尤其是世界上擁有監視衛星的幾個科技大國，他們都不希望別的國家知道自己監視衛星的能力有多強大，因此這些國家即使由衛星上監控的資訊中得知那架飛機的下落，也不會貿然說出來。

根據以上我解讀馬來西亞官方對馬航三七〇次班機所發佈的消息，我在此大膽的推斷：當天晚上一點十九分，那架飛機最後一次與吉隆坡航管聯絡之後，有人進入駕駛艙，將正、副駕駛員制服（或是駕駛艙內一位駕駛員將另一位駕駛員制服），取得飛機控制權，然後將答詢器與 ACARS 系統關閉，同時用另外的無線電波道與吉隆坡航管中心聯絡，表明飛機已被劫持，並明白告知劫機目的與索求。

飛機調頭折返馬來西亞的同時，馬來西亞政府一直用無線電與劫機客談判，在剛開始的那一段期間，因為航管雷達無法看見那架飛機的蹤影，馬航曾詢問那架飛機的位置，劫機客則表示飛機正在「柬埔寨」上空，這就是吉隆坡航管中心兩次通知胡志明航管中心飛機正在柬埔寨上空的原因。

當馬來西亞空軍在防空雷達上看到那個沒有答詢器資訊的光點時，因為那個光點是由馬航三七〇次班機失蹤處對著馬來西亞飛來，因此判斷那個光點就是馬航三七〇次班機，這也就是馬來西亞國防部長表示「不會將那架飛機擊落」的真正原因。

被制服的副駕駛在飛機通過檳城附近時，一定是發現他的手機可以與地面的基地台連線，於是他試圖撥電話給地面，但是在未完成撥號之前，他的動作一定被劫機客發現，並被制止，雖然那通電話沒有接通，但是手機公司的紀錄上卻記下了他與地面聯絡的企圖。

不管劫機客的訴求是什麼，他們與馬來西亞政府的談判一定沒有成功，於是馬航三七〇次班機就繼續西飛，通過麻六架海峽之後進入印度洋，繼而消失在馬來西亞的防空雷達上。

馬航三七〇次班機消失在雷達幕上之後，唯一留下的痕跡就是與國際海事衛星組織的聯絡，那些資料顯示著馬航三七〇次班機最後是因燃油用罄，發動機停車之後才停止與衛星聯絡。

根據在留尼旺小島所撿獲的襟副翼的狀況顯示，飛機如果是墜海，在最後時刻那片襟副翼並未被放出，因此飛機一定是以高速撞入海中，這種情況下飛機一定是被撞成碎片，且這麼多的碎片該會與那片襟副翼一同飄在海上。可是，至今被尋獲的碎片卻僅是區區幾片，這也是不符合常理的地方。但是在缺乏其他輔證的情況下，實在不宜對那架飛機最後的結局做無謂的臆測。

這是個無奇不有的世界

艾米莉雅的飛機，與馬來西亞航空第三七〇次班機，都是在大海上空失蹤，成為航空史上永遠的謎團。有關它們失蹤的傳聞與陰謀論也將繼續流傳下去，直到這兩架飛機被尋獲之前，人們永遠不會知道事件的真相！

「Beijing Tower, Malaysia 370 on final, request landing instruction.（北京塔台，馬來西亞航空三七〇次班機五邊進場，請提供落地指示）」。這是二〇一四年三月八日清晨北京塔台始終沒有聽到的呼叫。在未來的歲月裡，這個呼叫，會不會有一天突然就傳入北京塔台航管人員耳裡呢？

在這無奇不有的世界裡，以上的情節可能發生嗎？誰知道呢？

1 120.9是指120.9MHz，那是胡志明航管中心的無線電波道。

2 航管雷達是「次級雷達（Secondary Radar）」是僅根據飛機上答詢器（Transponder）所提供的資料，顯示在雷達幕上，軍方防空雷達是「主要雷達（Primary Radar）」是根據雷達的回波及答詢器的資料，將飛機的位置顯示在雷達幕上。

3 這是一種飛機與地面之間通過無線電自動傳輸飛機飛行狀態的系統。

4 詢答機是飛機上的一個裝置，可以將飛機航班號碼、飛行高度、方向等資訊發出，顯示在雷達螢光幕上。如果詢答機被關掉，雷達螢光幕上僅會顯示一個光點，管制員將不會知道那個光點的身份。

5 飛機上的黑盒子在浸水之後，會發出37.5KHz的聲波。

6 襟副翼（Flaperon）是機翼後緣一塊可收放的翼片，放出時可當襟翼（Flap）或副翼（Aileron）使用

7 最近的一次是2006年，由Nauticos公司的東主David Jourdan募得四百五十萬美元，在豪蘭島東南方四百哩處的Nikumaroro環礁附近海床搜索，但是沒有找到任何飛機殘骸。

第4章

史上最強無蹤劫機客：西北航空三〇五次班機

第4章 史上最強無蹤劫機客

一九七一年我在紐約讀大學的時候，每個週末都到唐人街的中國餐館打工，每天工作十個小時，兩天下來可以賺六十塊美金，每個月總計有兩百四十元的進帳。這些錢雖然足夠我一個月的吃、住等開銷，但我看著室友小唐大學才剛畢業，年薪已達一萬美元，實在非常羨慕，天天期望自己能早一點畢業，早點工作，也可以去拿個五位數的年薪。

當時在我心中，「一萬美元」已經是個大得不得了的數目，所以在那一年的感恩節，當我聽到有人劫了一架西北航空公司的飛機，要求二十萬美元的贖金時，我不僅立刻記住了「二十萬」這個數目，更記住了那件劫機事件！

劫機客的黃金歲月

一九六〇年代末期到七〇年代初期，可說是劫機客的黃金年代。那時搭飛機就像搭巴士一樣容易，買國內機票時不需要看身份證明文件，登機時也不需要經過安檢，若想要帶槍械或利器等武器登機，根本不是問題。

同時，航空公司為了旅客的安全，對劫機客的配合程度比對一般旅客還要高，幾乎是到了有求必應的地步。因此，光是在一九七一年的那一年之內，全世界各地就有十起劫機案例，而其中有五起就是發生在美國。

每個劫機客劫機的理由都不一樣。許多是為了政治理由，劫持飛機後，要求飛往古巴或其他特定地點；也有的是將所劫飛機上的乘客當成人質，要求釋放某個被關在監獄裡的犯人；至於單純只為了要求贖金來中飽私囊的劫機客，倒是不常見。

以下這個故事就是那則讓我印象深刻、要求二十萬美元贖金的劫機事件。它發生在一九七一年十一月二十四日的美國奧瑞岡州最大的城市波特蘭（Portland,

Oregon）市。

佳節前的歡樂氣氛

那年十一月二十四日正好是星期三，也是感恩節假期的前一天。感恩節是美國傳統家庭團聚的日子，因此那天下午美國各大小機場都擠滿了返鄉的人潮。

當地時間下午一點多，一位手拿公事包，腳蹬休閒鞋，身著白色襯衫、黑色西裝及深色風衣的中年人士走進波特蘭國際機場大廳，直接走向西北航空公司（Northwest Airlines）的櫃檯，向櫃檯小姐表示要買一張由波特蘭到西雅圖的單程機票。在填寫旅客資料時，他寫下了「丹・庫柏（Dan Cooper）」這個名字，並用二十元現金繳付了機票錢。

瑪莉，那位櫃檯小姐，對庫柏的印象相當深刻，因為波特蘭到西雅圖僅有一百二十哩，這麼短的距離，美國人通常都是自行駕車前往。而根據庫柏的衣著打扮，瑪莉直覺地認為他應該是一位出差後要回家的專業人士，而一般出差的人都會以信用卡購票。所以這位用現金購票的庫柏先生就讓瑪莉留下了深刻的印象。

那班由波特蘭到西雅圖的班機，是西北航空公司編號第三〇五次，一架波音727-100型的客機。機上有一百二十五個座位，不過因為這一段航程很短，僅有四十餘位旅客。庫柏在登機之後，坐到機尾最後一排的第18C號座位，坐妥後點了一支香煙，①並向一位名叫佛羅倫絲的空服員要了一杯波本威士忌及一罐蘇打水。

佛羅倫絲送上庫柏所點的雞尾酒及蘇打水時，庫柏給了佛羅倫絲一張二十元的鈔票，表示不必找了。這可是相當大的小費，因為酒及蘇打水一共才六元，庫柏卻給了她十四元的小費！所以佛羅倫絲多看了庫柏一眼，對他留下了些印象。

飛機準時於下午兩點五十分由波特蘭機場起飛，飛行組員及旅客們都期待著在半個鐘頭之後就可以抵達他們的目的地，與家人團聚共度感恩佳節。

有炸彈！

飛機才剛起飛，還在爬升之際，庫柏轉頭將一張紙條交給佛羅倫絲。佛羅倫絲心裡第一個想法是，這個人把自己的電話號碼寫在紙上給她，所以剛才給她那麼多小費，是想藉機搭訕。因此佛羅倫絲根本沒有注意紙條上寫些什麼，只是微笑著看著庫柏，直接將紙條放進她的工作圍裙口袋裡，預備在下飛機之後就丟棄。飛行了這麼多年，她早已習慣了這種被搭訕的方式。

庫柏可能沒料到佛羅倫絲看都沒看就直接把紙條收起來，於是他將身子對著佛羅倫絲靠了過去，輕聲地對著她說：「小姐，妳最好看一下那張紙條。我帶了一枚炸彈！」

佛羅倫絲愣了一下，接著慢慢將紙條由圍裙口袋中拿出來。那張紙條上面確實的字句，目前已不可考，因為佛羅倫絲看完之後，庫柏將那紙條又要了回去。佛羅倫絲大致上記得，上面工整地用全部大寫的字母寫著，他的公事包裡放了一枚炸彈，他要劫持這架飛機。

佛羅倫絲看完紙條上的訊息之後，抬頭剛好看見庫柏示意要她坐到他的旁邊，佛羅倫絲緊張地坐了下去，然後帶點怯懦地問庫柏：「你……你……真的有炸彈？」

庫柏將他的公事包打開一條縫，讓佛羅倫絲可以看到裡面有八個管狀物品，上下兩排，每排各四個，用紅色的電線纏在一起，連接到一個像電池一樣的罐子上。庫柏關上了公事包，接著對佛羅倫絲說出了他的要求，請她記下來：他要二十萬「可流通的美國貨幣」及四具降落傘，兩具主傘及兩具備用副傘，在這兩項要求準備妥當之前，飛機不可落地。另外他也要求一輛加油車在西雅圖機場待命，為飛機加油。

庫柏對著佛羅倫絲說完他的要求之後，請她將所記下的紙條拿到前面駕駛艙交給機長。庫柏並沒有用武器威脅任何人，所以佛羅倫絲在前往駕駛艙時，一直在想庫柏到底是真的要劫機，抑或只是個神經病，開了一個很爛的玩笑。於是她在往駕駛艙走去的時候，將事情告訴座艙長蒂娜，並將手上那張紙條給她看。

「妳覺得他是開玩笑，還是認真的？」佛羅倫絲問蒂娜。

「這不是該由我們來決定的事，我認為妳該立刻報告機長。」蒂娜到底是經驗豐富，知道這不是開玩笑的事。

佛羅倫絲進入駕駛艙之後，將紙條交給司考特機長，並表示他親眼看到了放在庫柏公事包裡的炸彈。

司考特機長聽了之後，第一個想法就是這架飛機上的組員及旅客大概無法順利地回家過節了。但接著他獲悉庫柏只是非常低調的坐在機尾的位置，並未威脅到其他旅客，他又覺得如果處理得當的話，說不定可以安全渡過這個難關。

於是他吩咐佛羅倫絲回到後艙，告訴庫柏：機長會立刻將他的要求通知公司，一旦有進一步的消息就會立刻通知他。司考特機長並請佛羅倫絲儘量安撫庫柏，不要讓他在後艙造成混亂，免得讓其他旅客發現飛機已被劫持。

司考特機長很鎮定地將飛機被劫持的消息通知西雅圖航管及西北航空公司總部，並轉告庫柏的要求。西北航空公的總裁唐納．奈羅普（Donald Nyrop）在第一時間就立刻回覆司考特機長，盡量以機上所有旅客的安全為重，公司會滿足庫柏所有的要求，但需要時間來把錢及降落傘準備妥當。

冷靜、彬彬有禮的劫機客

先前庫柏已經指示，在滿足要求之前，飛機不可落地，於是司考特機長進入西雅圖空域後，飛往附近的普吉灣（Puget Sound）上空盤旋，並用機上的廣播系統通知機上乘客：西雅圖機場地面作業出了一些「小狀況」，班機不能準時降落，必須在空中盤旋，等待地面的指示再落地。為了表示歉意，司考特機長說，空服員將提供免費酒水給有需要的乘客。

為了安撫庫柏，佛羅倫絲與蒂娜不斷的找話題與他聊天。聊天過程中，她們兩人都覺得庫柏其實是一位相當冷靜、健談及彬彬有禮的人，與印象中的黑道劫機客有著很大的不同。庫柏沒說話的時候，就很安靜的坐在座位上喝著波本威士忌，看著機翼下的地貌。也就是在這個情境下，佛羅倫絲與蒂娜意外發現，其實庫柏對西雅圖附近相當熟悉，飛機通過麥科德空軍基地（McChord Air Force Base）時，他告訴坐在他身邊的兩位空服員，由空軍基地到西雅圖機場只要二十分鐘的車程。佛羅倫絲趁機問他是否以前在空軍中服役過，庫柏微笑著看著她，沒有回答。

司考特機長操縱著飛機在西雅圖附近的普吉灣上空盤旋的同時，西雅圖的聯邦調查局及警察局已經忙翻了天。有一批探員到銀行調動現金，西北航空公司地區經理忙著先將借貸的文件簽好，讓銀行快點把一萬張二十元的款項準備好，而探員們急著要把這一萬張鈔票拍

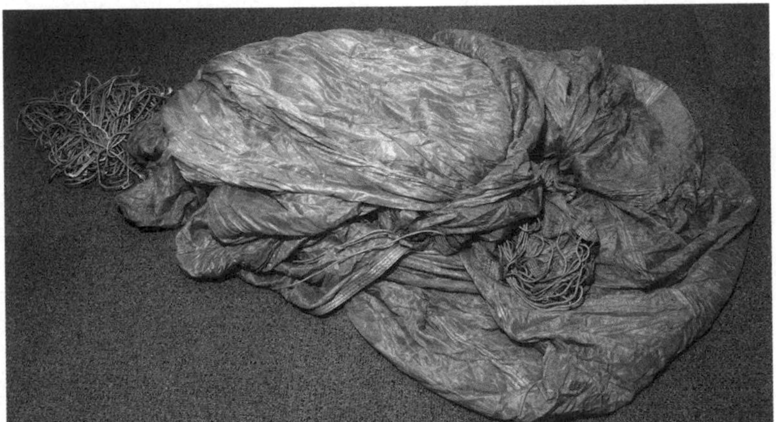

劫機者庫柏只使用了一具主傘，這是他留在機上的另一具主傘。（圖：FBI 檔案。）

照存證，目的一方面是要紀錄鈔票的序號，再來也是為這個案子的贖金留下證據。

至於庫柏所要求的降落傘，他很明白地指定不可使用軍用傘，他要的是民間業餘跳傘人士所用的降落傘。因此西北航空公司在西雅圖地區的總經理哈瑞森（George Harrison）費了好一些時間，到處去找庫柏指定的降落傘，最後透過一位經營特技飛行公司的朋友，向一位業餘跳傘人士海登（Norman Hayden）借到兩具後背式的主傘。哈瑞森在電話中已經快要急死了，向海登強調西北航空公司「急迫地需要」那兩具降落傘，奈何海登沒有時間立刻把降落傘拿到機場，只能雇一輛計程車將兩具降落傘送來機場。

好不容易找到兩具主傘之後，還缺兩具掛在胸前的備用副傘。哈瑞森又運用他的人脈，從距西雅圖機場二十五哩外的艾紗罣（Issaquah）市一家名叫西雅圖航天體育社（Seattle Sky Sports）的廠商那裡借到了副傘。這次聯邦調查局安排了華盛頓州交通警察隊，負責將那兩具胸前備用傘用最快的速度送到機場。

在一面籌措贖金與降落傘的同時，聯邦調查局探員們也試圖分析，為什麼庫柏要兩套降落傘？機上有另一個共犯嗎？或是他要挾持一位人質或是飛行組員一同跳離飛機？不管是哪一種情況，聯邦調查局都承受不起「降落傘故障」的可怕後果，因此降落傘送抵機場後，探員們還特別仔細檢查了四具降落傘上都有合格摺傘員的簽章。不料，這群人忙了半天，竟然所有的人都沒有發現那兩具備用副傘當中，原來有一具是無法打開的教學用傘！②

不准耍花招！

西雅圖塔台在五點二十四分時通知被劫持的西北航空第三〇五次班機，贖金與降落傘都已準備妥當。庫柏獲悉之後，他指示司考特機長：落地後將飛機滑到機場最邊邊的一個停機坪；接著他又命令佛羅倫絲把機上所有窗戶的窗簾都拉下來，顯然他怕聯邦調查局的狙擊手會經由窗戶看到他。

被劫持的波音七二七客機於五點四十分落地時，太陽已經下山。飛機落地之後脫離跑道，在黑暗中順著滑行道上的燈滑向那個偏遠的停機坪，這時聯邦調查局已經將那裡用幾個軍用高瓦數的照明車，照的彷彿白晝一樣明亮。

飛機慢慢停妥，在飛機內已經等得不耐煩的旅客立刻急著由座位上起身，拿好自己的隨身行李下機。沒想到廣播系統裡又傳來了司考特機長的聲音：「各位旅客，這是機長廣播，請您繼續在座位上稍等，機場接駁車尚未到達，現在還不方便下機，謝謝您的合作。」

庫柏指示座艙長蒂娜，等下機門打開的時候，絕對不可以讓任何人進入機艙，由蒂娜一個人到機外去把贖金及降落傘拿進機內。他斬釘截鐵地說：「不要耍花招！只要我發現任何不對，我會立刻引爆炸彈！」

一輛改裝的小卡車載著登機的扶梯靠到飛機左側的前登機門處，兩位穿著便服的探員拿著一個裝著贖金的背包及四具降落傘登上扶梯，座艙長蒂娜將登機門由內部打開，當她看到站在機外的探員，她立刻警告他們不要進入機艙。但她也輕聲告訴他們：劫機客坐在飛機客艙的最後一排。

蒂娜先將那一袋重達二十三磅（大約十公斤）、裝著錢的背包拿到後面交給庫柏，再回到前艙門將四具降落傘陸續拿到後面。

庫柏打開背包，看了看那一札札的鈔票，並沒有細數就將背包再度關上。他對降落傘則僅是看了一眼，並未檢查是否有摺傘人的簽章。

座艙長蒂娜見庫柏似乎對贖金及降落傘都沒有意見，於是問他：「可以讓乘客下機了嗎？他們已經開始懷疑了。」

庫柏並沒有繼續為難客艙組員，很爽快地就答應讓乘客下機。

「組員呢？」蒂娜繼續問。

「妳及飛行組員留下，其他的人都可以走。不過要快！」蒂娜聽了之後，便急急地安排乘客們、佛羅倫絲與另一位空服員下機。

乘客被接到機場大廈之後，立刻被聯邦調查局的探員單獨問話，這時他們才知道，原來剛經歷了一場劫機事件。

用不正常的狀態飛行

等到乘客及兩位空服員都下機了以後，庫柏指示蒂娜將機門關上，叫加油車開始為飛機加油。接著他用飛機上的通話系統與駕駛艙聯絡，③告訴飛行組員稍後起飛時，不可將機尾的登機門關上，機尾的登機梯也不可收上，起飛後起落架維持在放下的狀態，襟翼放在十五度，機艙不要加壓，以一萬呎的高度以及低於兩百海浬的空速，向東南方飛往墨西哥的墨西哥市。

駕駛艙內的正、副駕駛及飛航工程師，被這些條件嚇了一跳——波音七二七的正常飛行狀態並不是這樣。而且當天西雅圖東南方的氣候不好，以這樣的姿態飛在風雨中，實在相當危險。再說，起飛時把機尾的登機梯留在「放下」的位置，絕對是飛安的一大顧慮。副駕駛與飛航工程師兩人依據這樣的飛行姿態與機上燃油簡單估量算了一下，回覆庫柏說，用這種飛行狀況，飛機最大航程僅有一千哩，到不了墨西哥市。

庫柏聽了他們的意見之後，同意飛機可以先飛到內華達州的雷諾市（Reno, Nevada）落地加油後，再繼續飛往墨西哥市。至於起飛時機尾的登機梯留在放下的位置會產生飛安的考量，庫柏則說他不認為那是個問題，但他也不堅持自己的意見。不過，其它的飛行狀態他卻很堅持：飛機必須飛在一萬呎高度，不可收起落架，襟翼放在十五度，機艙不可加壓，以低於兩百海浬的空速飛行！

此時加油車早已開到飛機機翼旁邊開始加油作業，然而不知道出了什麼毛病，車上的油泵壞掉了，試了多少次之後還是無法啟動，於是加油車司機只有將車開走，請油公司另外派一輛車來。

在飛機上的庫柏看著加油車在飛機旁停了沒多久就開走，知道飛機並未加油，心中不免起疑，於是詢問駕駛艙裡的飛行組員發生了什麼事。組員用無線電了解了事情原委，又回頭轉告庫柏。這時庫柏暴怒起來，他怕是聯邦調查局在耍花招，於是要求另一輛加油車必須在十分鐘之內抵達，否則他立刻引爆炸彈！一時機艙內的氣氛極度緊繃。不過，這也是他在整個劫機事件中僅有的一次火爆反應。還好當時第二輛加油車已經在前來的途中，庫柏見到那輛油車後才放下心來。

情勢發展的速度太快，此時能不能掌握情資、正確判讀與迅速反應，就是處理這件事的關鍵了。雖然聯邦調查局知道庫柏要前往墨西哥市，但是庫柏要求了兩具降落傘，同時也要求飛機以低於兩百浬的空速及低於一萬呎的高度飛行，因此聯邦調查局判斷他將會在飛行途中跳傘。為了掌握庫柏跳傘離機的地點，聯邦調查局趕緊商請空軍派遣飛機尾隨，監視遭劫持波音七二七的動態。

那架波音七二七在晚上七點半左右完成加油，於七點四十分時由西雅圖機場起飛。機上除了駕駛艙裡的三位飛行組員之外，就只有空服員蒂娜及劫機客庫柏。飛機起飛後完全依照庫柏的指示，起落架沒有收上、襟翼放在十五度的位置，機艙沒有加壓，低於兩百海浬的空速飛在一萬呎的高度，朝東南方前進。

班機由西雅圖起飛的同時，美國西北角的戰管中心也下令給西雅圖機場西南方的麥科德空軍基地，兩架擔任警戒任務的 F-106 戰鬥機立刻緊急起飛，由戰管導引下向著那架波音七二七接近，當時的計劃是一架戰機飛在波音七二七的左後上方，另一架則是飛在右後下方，由兩個不同的角度來監視庫柏是否會由飛機中跳出。另外也臨時將一架正在執行夜航儀器訓練的 T-33 轉用，引導它去攔截那架波音七二七。

準備跳傘

波音七二七起飛之後，庫柏將一具胸前副傘打開，用一把小刀把傘繩切下幾段，然後用切下的傘繩將裝錢的背包綁在自己身上，綁好之後庫柏又用手拉了拉，確定綁牢之後，再將主傘背上。蒂娜站在他旁邊，看著他熟練的手法，心中突然想到既然他要了兩套降落傘，會不會是想要自己跟他一起跳下去？想到這裡她全身的寒毛都豎立起來了。

然而庫柏卻沒有讓蒂娜擔心太久，他將胸前副傘（就是那個無法使用的教學展示傘）穿上之後，叫蒂娜回到前面的駕駛艙，進入駕駛艙以後把門從內部鎖好，在沒聽到下一步指示之前不可出來。蒂娜聽了之後立刻轉身急忙地往前面走去，深怕庫柏又改變主意。

晚上八點左右，駕駛艙裡飛航工程師的儀錶板上亮起了「機尾登機門警告燈」，飛航工程師立刻知道：庫柏正在後艙試著將機尾的登機門打開。他隨即利用機內廣播通話系統詢問後艙的庫柏，是否需要協助。

「不需要！」庫柏很粗魯地回答著。

就在同時，機內的噪音突然變大，顯然機尾的登機門已被放下，發動機的聲音加上強烈風聲，讓幾位待在駕駛艙裡的人對話都感覺有些困難。機長司考特覺得庫柏該是想要跳傘離機了。

飛機飛進奧瑞岡州之後，氣候變得非常不好，一萬呎的空層正籠罩在一片雷雨下，氣流極度不穩，整架飛機在天空中搖晃著前進。八點十三分，飛行員感覺到機尾的部分突然往上竄了一下，機頭也立刻下垂，機長司考特很快的利用調整片將飛機改平。機長司考特與副駕駛對看了一眼，他們都知道，那是因為飛機尾部的重量驟然減輕，讓飛機失去平衡所引起的現象，而當下唯一會引起飛機尾部重量減輕的原因，就是庫柏已經跳傘離開飛機了！

機長司考特看著機外惡劣的氣候，想著庫柏在這樣的天氣下跳傘，如果不是很有經驗的退伍軍人，對這種冒險行為又很有經驗的話，那就只能用魯莽及無知來形容他了。但那時機長司考特最擔心的卻不是庫柏的安危，而是飛機的那枚炸彈。庫柏會將炸彈定時在他跳離飛機之後再爆炸嗎？

機長司考特利用廣播系統對著後艙喊話，不過噪音實在太大，他們根本聽不清楚後艙是否有人回話。機長司考特本來想派一位組員到後艙去檢查一下，又想到庫柏曾吩咐沒有接到進一步指示之前不可以離開駕駛艙，所以只有作罷。

人到哪裡去了？

被劫持的波音七二七在晚上十點十五分飛抵雷諾，機長司考特呼叫塔台，獲得優先落地許可。飛機飛進跑道上空之際，因為尾部的登機梯依舊是在「放下」的位置，所以登機梯最先接觸跑道，霎時金屬階梯與跑道摩擦產生了大量火花，跟在飛機後面的警車都嚇了一大跳，因為他們不知道飛機竟然是在登機梯放下的狀況下飛行，所以都以為火花是炸彈爆炸的結果，於是警車紛紛減速下來。

飛機停妥之後，飛航工程師將發動機關車，幾位組員這才從高分貝的噪音中解脫。機長司考特用廣播器問後艙：「後面一切都好嗎？」回答他們的是一片寂靜。也就在那時聯邦調查局的探員已將飛機圍住，將一個對講機的插頭插進機頭下方的插銷內，然後用那個對講機開始與駕駛艙內的人員聯絡。機長司考特告訴探員，庫柏可能已跳傘離開飛機，因為後艙沒有任何人回應他的問話，於是探員們決定冒險由機尾的登機門登機，上去一探究竟。

探員們先通知組員們留在駕駛艙內不要出來，然後幾位穿著防彈背心、頭戴鋼盔拿著自動武器的探員由機尾的登機門登上飛機。他們所看到的是一個空洞、冷清的客艙，沒有任何人的蹤跡。探員們不放心，將客艙內所有可能躲藏的地方全都找了一遍，還是沒有庫柏的蹤影。至此，聯邦調查局終於確定劫機客庫柏已經由飛機中跳傘逃脫。

確認了庫柏已經跳傘離開飛機，下一個問題就是，他究竟是在什麼地方跳離飛機的？

聯邦調查局先與空軍聯絡，希望在後跟監的戰鬥機能提供精確的資訊，結果他們失望了。當晚尾隨跟監在後的兩架 F-106 戰鬥機，雖然一直都可以目視前面被劫持的波音七二七，但在黑暗中根本無法看到機尾有什麼動靜，戰機飛行員甚至沒發現客機機尾的登機門曾在飛行中被打開。

至於那架轉用的 T-33 更是從頭到尾狀況外，它在黑夜的飛行裡一直沒有找到被劫的波音七二七在哪裡！

既然無法知道庫柏是在哪裡跳傘逃脫，聯邦調查局退而求其次，對客機上的飛行組員與座艙長展開詳細的問話，希望由他們的供詞中，得到一些線索。在那個年代機場內並沒有安裝監視攝影機，所以執法單位根本不知道他們要找的人是什麼模樣，聯邦調查局的素描專家只好在第一時間開始根據在飛機上曾與庫柏打過交道的空服員描述，開始為他畫像。

在荒野中找人找錢

即使在那個劫機案層出不窮的年代，這件劫機案件也算是一個大新聞，這是第一次有人單純為了「錢」而劫機；而在取得贖金之後由飛機中跳傘逃脫，更是前所未聞。因此這件劫機案在次日感恩節當天就成為最熱門頭條新聞，各大媒體廣泛報導。可是合眾國際社的記者在最早獨家報導這件事的時候，犯了一個錯誤，將劫機客自稱的名字丹・庫柏，誤報成帝・畢・庫柏（D. B. Cooper），而這個錯誤又即時被大量媒體重複引述。最後積非成是，全美所有媒體都用 D. B. Cooper 這個名字稱呼這位神秘的劫機客。

為了確定庫柏跳離飛機的時刻，聯邦調查局請機長司考特駕駛同款飛機，用當天晚上同樣的姿態飛行。在飛行途中，探員將一個兩百磅（推判的庫柏體重，加上降落傘及裝二十萬贖金的背包重量）的物體由機尾登機梯處推出飛機，飛機立刻像事發當晚一樣，突然往上竄了一下，由這個實驗的結果，聯邦調查局可以確定八點十三分是庫柏跳離飛機的時刻。再根據當晚飛機所飛的航線看來，那時飛機正飛在華盛頓州西南方的路易斯河（Lewis River）上空。

不過，庫柏跳離飛機的方位，絕對不會是他著陸的地點。飛機當時的速度、他在開傘前的姿態、開傘的時機、當時的風向與風速等等因素，都會影響到他落地的確切地點。聯邦調查局僅能根據有限的資料去推算他可能的著陸點，然後再以那一點為中心，由當地警察及附近的駐軍加上聯邦調查局的搜索隊，開始對該地區做大規模的搜索，希望能找到些許蛛絲馬跡。

即使派出那麼多人在山林中尋找庫柏的蹤跡，聯邦調查局內部有些高階人士卻一直懷疑庫柏到底能不能安全落地。因為根據蒂娜的描述，庫柏僅身著西裝及風衣，腳上穿的是休閒鞋，這種穿著不但不適合跳傘，更不適合在野外行動，尤其是他那雙沒有鞋帶的休閒鞋，很可能會在他跳離飛機之後不久就被風吹掉。

除了他的穿著不適於跳傘，許多跳傘專家也對庫柏的跳傘經驗持保留態度。因為他所指定的降落傘並不是可以在空中操縱方向的款式，只是一般業餘人士在休閒跳傘時所使用的傘。最離譜的是，他竟然在兩個副傘中挑了一個無法使用的教學用傘，這更證實了他對跳傘的知識有限。

再說他跳離飛機的時候，機外正是風雨交加，氣溫低達攝氏零下七度，在這種氣候下以那種穿著從事夜間跳傘，實在有相當大的挑戰性。再說，如果地面沒有人接應，即使庫柏安全的著陸，他也幾乎不可能背著那一大包錢，在嚴冬的氣候下走出那片荒山野地。而如果要準確地落在有人接應的地方，那麼絕對需要有一個相當精確的飛行計劃及飛行組員的配合。但是，庫柏卻沒有這兩項要點中的任何一項！因此，聯邦調查局相信，最後他們很可能只會找到庫柏的屍體。

庫柏劫機的時間正值嚴冬，聯邦調查局在他可能著陸的地點附近展開搜索時，搜索人員所面對的除了古木參天的原始森林，還有深達腰際的積雪，使得搜索過程更加困難。經過十餘天的密集搜索，沒找到任何人曾在短期間內經過那裡的痕跡，因此搜索行動在聖誕節前暫停。

帶起了一波「為錢劫機」的風向

第二年開春雪融之後，原先的搜索隊伍再度集合，在同一個地區再做地毯式的搜索，然而還是什麼都沒找到。參加搜索的人開始懷疑，他們所搜索的地方是否真的就是庫柏落地的地方？失之毫釐，差之千里，計算著陸地點的變數很多，只要其中任何一項變數有些微的偏差，就會讓著陸地點整個不一樣。也許，他們一直是在錯誤的地方尋找？

聯邦調查局除了派遣大量人力在庫柏可能著陸點做大規模的搜索之外，也對他留在飛機上的幾個煙蒂、領帶及領帶夾展開仔細研究，一共採集到了六十餘枚指紋。經由人工與聯邦調查局裡所存的指紋資料比對之後，沒有發現任何吻合的指紋。

《奧瑞岡報》（Oregon Journal）由聯邦調查局得到贖金的一萬張二十元鈔票的序號後，將它們全數登在報上，並表示第一位發現任何一張贖金鈔票的幸運人士，就可獲得一千元獎金。這個活動頓時讓奧瑞岡的居民天天像對獎券似的，熱心比對任何到手的二十元鈔票序號。這個對獎活動總共進行了三年，直到一九七四年活動結束時，都沒有發現任何一張贖金鈔票。聯邦調查局也曾將贖金鈔票的序號發給銀行、賭場、賽馬場等經常有大筆現金交換的機構，希望能發現那些贖金的流向，但始終沒有發現任何一張贖金的鈔票。

雖然執法單位未能找到庫柏的蹤跡或贖金的去向，但是他的事蹟卻激起了許多人模仿的念頭。僅是在一九七二這一年裡面，全美國就有十五起類似庫柏的劫機案件，其中最有名的就是理查・麥寇伊（Richard McCoy）的案件。

麥寇伊在一九七二年四月七日劫持了一架聯合航空公司的波音七二七客機，如同庫柏一樣，他要求四具降落傘，而他開出的贖金則比庫柏要的高了很多：他要五十萬美元！他拿到贖金及降落傘之後，在飛機由舊金山往東飛時，於猶他州的普羅夫（Provo）上空跳傘，成功逃脫。

麥寇伊雖然像庫柏一樣，成功拿到贖金，又跳傘離機，可是他不像庫柏那麼細心：他沒有把自己的勒贖紙條收回去。聯邦調查局的探員就根據那張劫機紙條上的筆跡，及他與空服員之間的對話內容，很快就將他的身份識出，並在劫機兩天之後把麥寇伊逮捕歸案。

麥寇伊被逮捕之後，讓聯邦調查局的探員們出了口怨氣，同時也贏回了一些民眾因庫柏案而對聯邦調查局失去的信心。然而，在庫柏劫機案這方面，聯邦調查局依然束手無策，因為他們手中擁有的資料，就是那幾個煙蒂、一條領帶及領帶夾，加上那張根據與他打過交道的人所提供的資料而做成的畫像。在DNA檢驗尚未成熟之前，那些留在飛機上的證物所能提供的資訊實在有限，因此聯邦調查局對於庫柏的案件，完全是處於停滯的狀態。

案情首度有了突破

一九七八年春季，一位獵鹿人在華盛頓州城堡岩（Castle Rock）東部森林中，撿到一塊印有波音七二七機尾登機梯釋放程序的鋁片。他看了之後，立刻想起庫柏

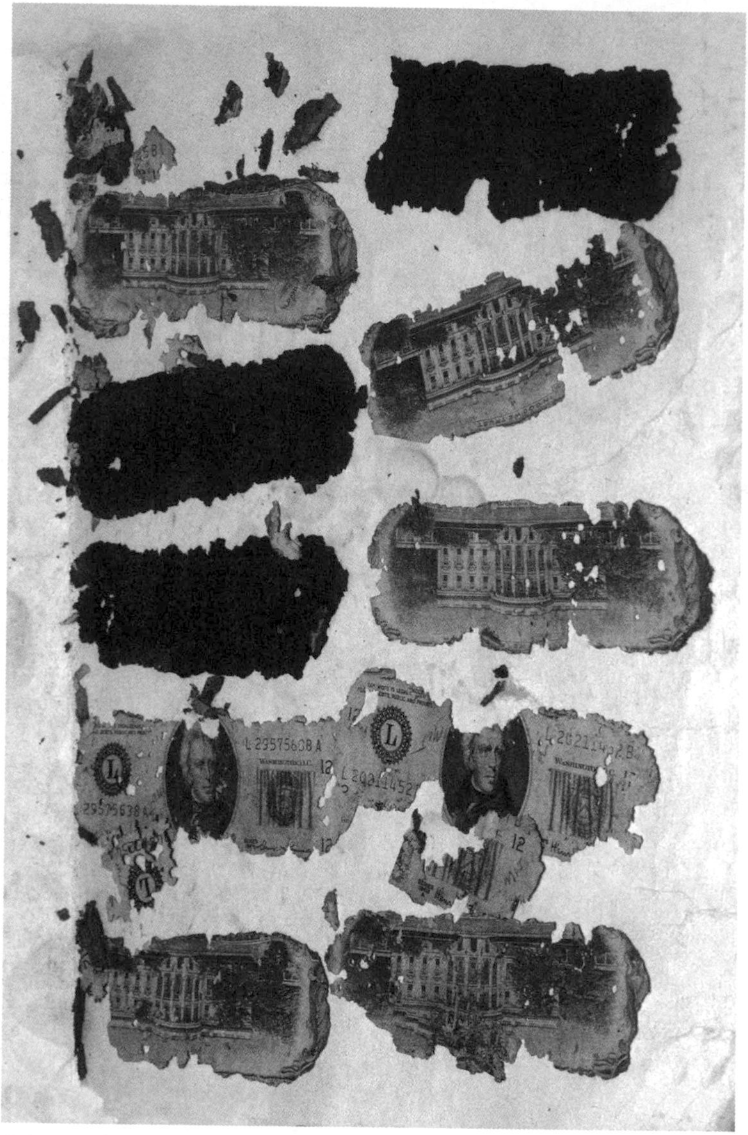

庫柏劫機案發生 9 年以後，一個小男孩在該次班機的路徑下方露營時，意外發見三疊已經腐爛的鈔票。（圖：FBI 檔案。）

劫機的故事，於是他就將鋁片交給當地警長。聯邦調查局接獲了警長的報告，很快就派了兩位探員前去了解狀況。

兩位探員將撿到鋁片的地方在地圖上點出來之後，發現該處確實位在那架遭劫持的波音七二七航線下方，距原先搜索地方的直線距離是二十八英哩。兩位探員中的一位曾是陸軍直升機飛行員，他立刻估算了一下：按照當天晚上飛機一百八十海浬（兩百零七英哩）的速度，二十八英哩要飛八分鐘左右，飛機的機尾登機門是在晚上八點被打開的，十三分鐘之後庫柏跳出飛機，按照這些數據看來，那塊鋁片落在那裡是完全符合邏輯的。聯邦調查局隨後曾派了一組人與當地警長辦公室的幾位警察，在撿到鋁片的附近展開搜索，但是經過一個多星期的努力，還是沒有找到任何線索。

這個沒有頭緒的劫機案最大的突破，發生在一九八〇年的二月，一位年僅八歲的小男孩竟然撿到了三疊贖金鈔票！

一位名叫布萊恩・英格倫（Brian Ingram）的小男孩隨著家人在哥倫比亞河的提納壩（Tina Bar）附近露營時，在河邊的爛泥中找到三疊已經開始發爛的鈔票。

他們將那三疊鈔票交給聯邦調查局，根據鈔票上的序號，聯邦調查局立刻確定那就是當初交給庫柏二十萬美元的一部分。

找到這三疊鈔票後，聯邦調查局又重新開始偵辦這件沉寂達八年多的案件。首先，探員們必須判斷鈔票是如何到達那個地方，因為該地相對於當初搜索的地方，算是上游，鈔票不會逆流而上，那麼唯一的解釋就是，當初計算推判出的落地點有誤。但是如果根據晚上八點十三分跳離飛機的時間與地點來算，庫柏怎麼也不可能降落在撿到鈔票的地點。

如果那三疊鈔票是在庫柏由空中下墜時，從背包中飛出，然後被風吹到那裡，這雖有可能，卻無法解釋為何飛脫的三疊鈔票在風吹的過程中，竟還能落在同樣的地點。而最讓調查人員百思不解的就是捆紮鈔票的橡皮筋，經過了八年多的河水浸泡之後，竟然沒有退化。當初在準備贖金時所有鈔票序號都被記下，但是綑綁每疊鈔票所使用的橡皮筋卻沒有留下任何資料，因此也無法去與原先的橡皮筋做一個比較，來確認那就是當天交付贖金時所使用的橡皮筋，而不是事後被庫柏扔在那裡、想誤導聯邦調查局的搜索方向。

面對這麼多問題，聯邦調查局的探員們遲遲無法給出一個合理的解答，而原以為在撿到鈔票的區域附近展開大規模搜索，應該會找到一些其他的東西，後來也沒能找到任何與劫機案有關的線索。於是這個案子就再度被放回檔案夾，期待下一個證物的出現。

自從一九八〇年的那三疊鈔票後，沒有發現任何新的證物。到了二〇一六年七月，庫柏劫機案發生四十五年之後，聯邦調查局正式宣佈停止調查此案。

你們真的有努力找人嗎？

雖然聯邦調查局已經停止調查此案，但是庫柏還是活在許多人的心裡。機長司考特一直到他二〇〇一年過世時，都還會想著庫柏在那次劫機案中到底是全身而退，還是孤獨的葬身在華盛頓州與奧瑞岡州邊界的原始森林中。

二〇〇三年我到聯邦調查局的總部去參觀，導覽的講解員非常豪氣地說：「如果聯邦調查局真的要在美國境內找一個人的話，那個人通常是躲不掉的！」我們同去的一位朋友聽了之後，立刻對著講解員說：「所以你們並不是『真的』要找庫柏吧。」

講解員苦笑著沒有回話。

1 一九七三年之前的美國，在飛機上任何座位都可以吸菸，一九七三年之後開始有吸菸區與非吸煙區的劃分，一九八〇年代後期才開始在飛機上全面禁菸。

2 教學用傘也有一個摺傘員的簽章，是教練用來訓練學生在拿到傘時必須檢查的項目之一。

3 庫柏也許是擔心在進入駕駛艙後，會被三位飛行組員制服，因此從頭到尾都沒進入駕駛艙，所有的飛行組員也都沒有見到庫柏。

第5章

你看見的都是假的：環球航空八〇〇次班機

第 5 章 你看見的都是假的

三個空中目擊者

一九九六年七月十七日傍晚八點三十一分，美國空中國民兵警衛隊（Air National Guard）的一架 HH-60 直升機，在正駕駛梅爾少校（Fred Meyer）與副駕駛包爾上尉（Christian Baur）的操控之下，正在紐約長島賈伯斯基機場（Francis Gabreski Airport）的 24 跑道上做精確進場訓練。

正當他們將飛機飛向跑道，離地大約還有兩百呎左右的高度時，梅爾少校發現有道極似流星的白色強光，從他的機頭右側方向飛快朝著機頭左邊飛掠，接著閃出一陣砲彈爆炸時的白光，幾秒鐘之後變成一團巨大的火球。

梅爾少校對於眼前所見到的情景感到困惑，但副駕駛包爾上尉看到了另一道白光，由他左前方向右上方飛去，他原先以為是照明彈，不過那道白光上衝的軌跡與他所熟悉的照明彈不同。他還來不及說什麼話，那道白光就炸成了一團火焰。包爾上尉用機內的通話裝置呼喚坐在後面的機工長瑞奇遜（Dennis Richardson），瑞奇遜立刻轉身擠到梅爾少校與包爾上尉之間，三人都看到了夕陽中爆炸的一團火球！

曾在越戰槍林彈雨中執行過多次營救任務的梅爾少校，根據以往的戰場經驗，立刻知道眼前是一枚飛彈擊中目標的景象。當時他沒有多想什麼，只是覺得納悶，哪個單位會在這個地方做實彈演習。

梅爾少校看見那道白光的同時，另外一架由機長斯達邁爾上校（William Stratemeier）所駕駛的空中國民兵警衛隊 C-130 運輸機，也在空中見到了那道白光以及爆炸的火球，斯達邁爾上校立刻對航管中心報告所觀察到的現象。

那一團爆炸的火球，也被另外一架東風航空公司（Eastwind Airlines）的波音七三七看到了，七三七的機長向位於波士頓的航管中心報告：「剛才看到我們前面約一萬六千呎處有東西爆炸了……」

而這個時候，航管中心另一位管制員卻發現，在他管控下的一架波音七四七型客機，屬於環球航空公司（Trans World Airlines）第八〇〇次航班的光點，已經在他的雷達幕上消失，取而代之的是許多細小的光點。他試著呼叫那架飛機，回應他的卻是可怕的寂靜。

管制員聽到空中警衛隊 C-130 及東風航空公司波音七三七的報告之後，他的心開始不斷下沉。他知道，他擔任管制員以來最擔心的事終於發生了。剛才還在與他聯絡的環球航空公司波音七四七型客機，已經在空中爆炸，此時正墜向長島南邊的大西洋中！

三位資深機長

那架編號 N93119 的波音七四七—一三一型客機稍早於當天下午四點半由雅典飛抵紐約甘迺迪機場，加了油及客艙清潔整理完畢之後，立即開始為下一個飛往歐洲的航班做準備工作：編號第八〇〇次的班機，要從紐約起飛，經巴黎前往羅馬。而飛往巴黎的這一段，將是長達七個多小時、跨越大西洋的航程。

第八〇〇次班機的機長是五十八歲的羅夫．科羅基恩（Ralph G. Kevorkian），他在環球航空公司任職已經超過三十年，擁有超過一萬八千八百個小時的飛行經驗，其中有五千四百九十小時是波音七四七的經驗。當天坐在駕駛艙右座的，是環球航空公司波音七四七機型的考核官史蒂芬．史奈德機長（Steven E. Snyder），他在公司也有正駕駛的資格，飛行總時間大約是一萬七千小時，其中有四千七百小時是操作波音七四七的飛行時間。

該機屬於波音七四七機型最早的第一代，機上還需要飛航工程師來操作飛機上的各種動力與飛航系統。當天擔任飛航工程師的是理查．康柏（Richard Campbell），他原本在環球航空公司擔任波音七四七的機長，兩年前他年滿六十歲，依照當時的民航法規由正駕駛的職位退下。然而他是一位閒不住的人，所以他沒有選擇退休，決定繼續留在公司擔任飛航工程師。當天飛機上還有一位年僅二十四歲，剛進入公司還不滿一個月仍在受訓階段的飛航工程師，奧立佛．克瑞克（Oliver

Krick），那天是他第六次隨著飛機出勤，康柏是他的帶訓教官。

一枚飛彈掠過天際

第八〇〇次航班原本定於傍晚七點整由甘迺迪機場起飛，但是因為一件行李的標籤出錯，地勤人員無法確定行李的主人是否已登機。這對航空公司來說是一大忌諱，絕對要弄清楚，飛機才能出發。查證了許久，才發現客人一直都在飛機上，只是標籤出錯導致這場烏龍。

行李的事澄清之後，飛機立刻關門，由登機門處後推。等飛機終於由22號跑道起飛之際，已是晚上八點十八分，比原先預定的起飛時間晚了七十八分鐘。

飛機起飛之後，透過波士頓的航管指示，於紐約長島南邊的外海順著長島的海岸線向東北方爬升。八點二十五分，航管通知第八〇〇次班機：「爬升到一萬九千呎，保持高度，爬升時請盡快通過一萬五千呎空層。」一分鐘之後航管改變了心意，通知環球八〇〇保持一萬三千呎的高度就好了。

晚上八點二十九分，科羅基恩機長在駕駛艙中似乎覺得四號發動機的燃油流量表有問題，駕駛艙錄音機上錄下了他的一句話：「看看那個莫名其妙的四號燃油流量表……看到了嗎？」錄音機上沒有錄到任何人回覆他的話。不過一分鐘以後，在八點三十分時，駕駛艙錄音機上錄下了波士頓航管中心給他的指示：「環球航空八〇〇，爬升並保持一萬五千呎高度。」科羅基恩機長重複一遍指令後，對著飛航工程師說：「爬升馬力！」年輕的飛航工程師克瑞克隨即回覆：「馬力已設定。」

然而，飛機還沒來得及開始爬升，駕駛艙錄音機就因為電力中斷而停止錄音，飛機應該就是在這個時間點結束了那短短十二分鐘的飛行而爆炸解體！

第一架飛抵失事現場的，就是當時正在紐約長島賈伯斯基機場練習精確進場的空中國民兵 HH-60 直升機，只不過他們到的太快，波音七四七的爆炸殘骸還陸續地由空中墜落到海面，梅爾少校不得不先將他的飛機暫時飛離現場，免得被空中墜落的碎片打到。

當天晚上，紐約長島沙佛克縣（Suffolk County）的警長辦公室收到不少有關這件事的報案電話，許多人都表示他們看到了失事飛機是被由地面（或海面）發射的一枚飛彈（或火箭）所擊中。

國家運輸安全委員會接到波士頓航管中心通知環球航空第八〇〇次班機在長島南邊海外失事之後，立刻組織了一個快速反應團隊，第二天的清早就趕到紐約長島失事現場附近。當他們在了解許多目擊者都看到那架飛機是被火箭或是飛彈擊中而墜毀之後，國家運輸安全委員會警覺到，這將是一樁高度棘手的案子。如果真是飛彈或火箭將飛機擊落的話，那很顯然是恐怖攻擊案件，而國家運輸安全委員會是調查交通事故的單位，對犯罪調查並不在行。因此他們又聯繫了聯邦司法部尋求協助。

官方意見分裂的起點

司法部長聽了國家運輸委員會彙集的訊息之後，決定讓聯邦調查局主導失事調查。這個決定，為日後國家運輸安全委員會與聯邦調查局之間的摩擦埋下伏筆。因為聯邦調查局參與調查時，是以調查犯罪的心理來看待這件失事，而國家運輸安全委員會卻對任何失事調查不能預設立場。這種基本心態的差異，是導致日後這兩個機關產生衝突的最大原因。

聯邦調查局的探員尚未開始進行對目擊者訪談，沙佛克縣的警長辦公室就已經開始對住在附近的目擊者進行訪談，那時因為距飛機失事不滿二十四小時，所以目擊者的記憶猶新，對於由地面（或海面）衝上晚霞豔麗天空（當天在長島地區的日落時間是晚上八點二十二分）的強烈光線，都描述得相當清楚。

受到現場地形與社區房舍的影響，地面的目擊者只看到一道白光由某個方向向上衝出去，而無法確認那道白光究竟是由地面或海面上的船隻射出，可是每一個人都可以精確地指出那道白光與他當時所在地點之間的相對方位。警長辦公室根據他們所指出的方位，很快就以三角測量法估計出了那枚飛彈極可能是由海面的一艘船上所發射。

疑點一：禁止專家訪問目擊者

警長辦公室曾將那些目擊者的證詞及推測出來飛彈發射的地點，做成報告交給聯邦調查局。遺憾的是，聯邦調查局在最後對整件事的調查報告中不但沒有引用那篇報告，竟連提都沒提，彷彿那份報告根本從不存在。

因為飛機是在空中解體，所以飛機殘骸、人員遺體及行李在墜海之後，都漂流在長島南邊附近的海面。打撈行動在當天晚上就展開，將所有看到的漂浮物都打撈起來，可是等到次日罹難者的家屬開始聚集在甘迺迪機場附近的羅馬達旅館（Ramada Plaza JFK Hotel）之後，他們發現打撈上來的好像是以飛機殘骸為主，而大部分罹難者的遺體還浮在海面，或仍是被安全帶繫在座椅上與殘骸一同沉在海底。家屬們對這種打撈順序感到異常憤怒，向主管單位提出嚴重抗議。為了這件事，國家運輸委員會副主席還特地出面澄清：所有在水面漂浮的遺體絕對是發現後立刻打撈，而沉在海底的殘骸也必須是潛水員覺得有遺體在內，才會優先打撈。

聯邦調查局指派詹姆士・高思容（James Kallstrom）率領了八十位探員到長島，對目擊者進行談話。探員將目擊者的談話記錄下來後就直接送交局內歸檔，沒有讓目擊者確認官方所記錄的文字是否正確，這點也讓一些目擊者感到不悅。他們曾向與他們談話的探員們反應，但是探員們則表示，那是「正常程序」。

不但目擊者本人無法閱讀確認他們所提供的資料，連國家運輸安全委員會的調查人員也無法看到那些目擊者的證詞，因為聯邦調查局在調查任何事件的過程中，從來沒有與其他部門共享證詞的慣例。這點使得國家運輸安全委員會的調查人員覺得無法接受，因為少了目擊者的證詞，運輸安全委員會的調查工作會變得非常困難。

既然得不到聯邦調查局的資料，國家運輸安全委員會在飛機失事幾天之內就表示，他們自己將成立一個訪談目擊者的單位。不料聯邦調查局跳出來反對，表示國家運輸安全委員會當中的成員，有些不是政府單位（來自飛機、發動機及儀器製造廠商等）。聯邦調查局認為，由非政府單位的私人公司得到犯罪調查報告的證詞，這樣是非法的。聯邦調查局更說，由兩個政府機關對同一個目擊者進行問話，獲得的結果將增加未來檢察官辦案難度。

不過，聯邦調查局也妥協地同意派遣探員，向國家運輸委員會的調查員們簡報目擊者的證詞。在這種情形下，國家運輸安全委員會只好放棄訪談目擊者，然而該會許多調查員都認為失事調查最重要的一環就是收集目擊者的證詞，如今卻被聯邦調查局禁止使用這道查訪程序，不僅是前所未聞，更讓空難調查的困難度增加許多。

疑點二：聯邦調查局改口

聯邦調查局最初對這失事案件的原因有三個假設，分別是：飛彈擊落、機上炸彈引爆、飛機本身機械故障。他們派出了幾位這方面的專家參與失事調查，而「飛彈擊落」或「機上炸彈引爆」更直指國際恐怖份子參與的可能，所以聯邦調查局也邀請中央情報局（CIA, Central Intelligence Agency）參與調查工作。

一件原本看似尋常的飛機失事案件，現在竟然有三個聯邦單位插手調查，而且主導全部調查工作的卻是對飛機失事完全沒有經驗的聯邦調查局！

聯邦調查局的探員們根據多位目擊者的證詞及由殘骸中的座椅上所發現的PETN殘留物①，覺得失事飛機可能真是被飛彈所擊落的。雖然越來越多的證據都指向「飛彈擊落說」，聯邦調查局也積極地想找出事件的主謀，但是這種心態在八月二十二日之後就開始改變了！

當天一大早，在紐約負責調查的聯邦調查局副處長高思容與他的上司路易斯．福瑞（Louis Freeh）被緊急召往華盛頓，在那裡等著他們開會的是司法部長雷諾（Janet Reno）及副部長郭力克（Jamie Gorelick）。在會議中討論了些什麼，外界不知道，但是在紐約的探員們卻知道，他們在這件失事案件中積極調查的角色，在高思容由華盛頓歸來之後變了調。

最明顯的例子就是當高思容被媒體詢問有關飛機座椅上發現PETN殘留物時，一反常態地說，雖然在飛機的殘骸上發現火藥殘餘物，但並無法直接證明那就是飛彈爆炸所造成的，因為該機在波灣戰爭時曾被徵調載運美國士兵前往前線，殘餘物可能是由士兵攜帶的武器中所遺留下來的。

疑點三：官方說你看到的是假的

除了公開的為 PETN 殘留物開脫之外，外界也發現聯邦調查局開始掩飾事情的真相。

在失事調查小組當中，代表「民航飛行員協會」（ALPA, Air Line Pilots Association）參加調查的環球航空公司機長詹姆士．斯畢爾（James Speer）很清楚記得，他在暫時存放飛機殘骸的棚廠中，發現一塊右翼前緣的鋁皮上有幾個不尋常的洞。根據他以前在空軍中擔任戰鬥機飛行員的經驗，那明顯的是被高速飛行的金屬由機外向內的力量所造成，這表示是機外的爆炸力量所產生的碎片打在右翼前緣時所造成的洞。

因此他拿著那塊鋁皮到棚廠裡聯邦調查局的臨時實驗室，要求裡面的技工在鋁皮上的破孔附近用試紙採樣，然後放進硝酸（Nitrate）檢驗器中，看是否有硝酸的成分，以此來判斷那幾個洞是否是由炸藥所產生的碎片所造成的。

測試之後，檢驗器顯示出「陽性」反應，表示飛機右翼前緣的蒙皮的確是被飛彈的碎片所擊中！技工做完測試以後，打電話向上級單位報告此事，沒多久就有三個聯邦調查局的探員衝進臨時實驗室，斯畢爾清楚記得那三位探員進來之後，很粗魯地將他推出實驗室，同時告訴他那個儀器「很不準，經常會有『假』陽性顯示」，他們要再做幾次測試才能確認結果。幾分鐘以後，探員打開實驗室的門，告訴斯畢爾他們對同樣的鋁皮又做了四次測試，每次都是陰性反應，所以第一次的測試應該是「假」陽性。

斯畢爾對這樣的結果感到非常不滿意，於是他向他所代表的民航飛行員協會及國家運輸安全委員會反應此事。這兩個單位分別與聯邦調查局的主管連絡，表示那塊鋁皮該受到進一步的測試，聯邦調查局的主管也同意將鋁皮送到聯邦調查局總部，由設備完善的實驗室再做一次測試。

那就是斯畢爾最後一次看到那塊鋁皮，之後他再也沒聽過有關後續測試的事及測試結果！

不過已經有許多人看到那一道由地面（或海面）衝往空中的白光，尤其是其中許多目擊者都是具有專業知識的航空界人士，如果要證明眾多目擊者看到的是假的，那道白光不是他們以為的那樣，飛機並不是被飛彈所擊落……這樣的話，聯邦調查局勢必要找出一個可以令人信服的理由。

聯邦調查局找出一些專家對外表示，失事的班機當時高度是一萬三千呎，而一般肩射型地對空飛彈無法打那麼高。再來就是那些飛彈都是用紅外線對熱源追蹤，如果飛機被擊中，中彈的地方一定是發動機，而那架飛機上的四具發動機都沒有受到飛彈擊中的現象。

這種說法對一般社會大眾也許有用，但是對武器有興趣的軍事迷來說，這種說法很容易被打臉。第一代刺針肩射飛彈（FIM-92）的升限確實只有一萬兩千五百呎，但是後製型號的升限都可以達到兩萬呎左右，何況當時世界上還有其他國家所生產的肩射飛彈，其升限都可以超過一萬五千呎。至於用紅外線追蹤目標一事，那更是刻意去誤導民眾，因為除了熱追蹤之外，還有其它的追蹤方法。

疑點四：目擊者突然閉嘴

除了用似是而非的飛彈性能來混淆視聽之外，聯邦調查局還想盡方法讓目擊者閉嘴。最早發現空中爆炸的 C-130 運輸機機長斯達邁爾上校在事發一個星期之後，被媒體詢問他有關目擊經過時，突然改口說他「什麼也沒看到」！這種改口的方式很難不讓人聯想到，一定是有人給了達邁爾上校「關愛的眼神」。

另外一架 HH-60 直升機上的梅爾少校與包爾上尉，雖然沒有這麼誇張地改變自己的證詞，但是他們卻不再提及所看到的情景，因為聯邦調查局下令所有聯邦的職員或軍職人員，不得在調查期間發表任何與該次失事有關的言論！

聯邦調查局對目擊者的禁口令，讓該局內部有些探員無所適從。探員史提夫．邦格（Steve Bongart）加入聯邦調查局之前曾是空軍戰鬥機飛行員，對地對空飛彈有相當的研究，他就在一次對國家運輸安全委員會的調查員們做簡報時，先要求在場的調查員不可錄音也不可作筆記，然後他指著地圖上的一個點說：「飛彈就是由這裡發射的！」

疑點五：先射箭再畫靶

在聯邦調查局開始掩蓋事情真相的同時，國家運輸安全委員會本身也起了微妙的變化。該會高層開始故意忽略一些調查員所發現的證據，那些證據直接指出是外界力量導致環球航空第八〇〇次班機空中解體。相反的，國家運輸安全委員會開始找證據來證明，是因為飛機本身的故障導致爆炸。這是道地先射箭再畫靶的概念！

飛機殘骸陸續由海底撈起之後，先是放在長島附近的一個棚廠內，每一塊碎片無論大小都掛上一個標籤，註明碎片的尋獲地點，然後所有的殘骸都被運到國家運輸安全委員會位於維吉尼亞州亞旭邦市（Ashburn, Virginia）的訓練中心，由技工將每一片碎片根據它們原先在飛機上的位置，重組起來，如此調查人員就可以根據飛機殘骸研判飛機在最後時刻的狀況。

根據這些殘骸尋獲的地點及飛行軌跡分析，調查員發現：機頭墜落的地點是在機身的後方。這表示當飛機還在飛行時，機頭就與機身脫離且先行墜落，而後面的機身還持續飛行了一陣子才墜落海中。調查人員不禁想到在那最後的片刻，對坐在機身中的旅客來說，該是何等的恐怖！

失事調查員在檢視重組的機身時，發現機身中央油箱有爆炸過的跡象。其實，調查人員應該要去查清楚，到底是外界的爆炸物導致中央油箱爆炸，還是中央油箱的爆炸導致飛機的解體。可是聯邦調查局與國家運輸安全委員會開始將整個調查行動專注在那個中央油箱，直接定調是因為中央油箱爆炸而導致飛機解體。

國家運輸安全委員會果真在後來的失事報告中指出：環球航空公司第八〇〇次班機在空中爆炸的原因，就是飛機起飛後中央油箱的燃油已經用去大半，剩餘的燃油與油箱內的空氣混合，產生易燃的氣體。易燃的氣體被油箱內

環球航空的殘骸，全部被送到一個大廠棚裡面，重新拼裝起來，以便找出失事的原因。（圖：國家運輸安全委員會 NTSB 檔案。）

的電線短路所產生的火花點燃，導致整個中央油箱立刻爆炸，爆炸的力量將機身炸裂，飛機在空中解體。機頭先墜落，後面的機身繼續飛行一陣子才墜海。

疑點六：官方的胡扯影片

至於那些目擊者所看到的那一道「由地面往天空衝去的白光」要如何解釋？中央情報局特別製作了一個短片來說明目擊者其實沒有看到那道白光，他們所看到的是飛機中央油箱爆炸時所產生的火光。在短片中，中央情報局以動畫方法指出，失事的波音七四七在飛行中因為中央油箱爆炸，機頭與機身脫離先行墜入海中，機身在失去機頭後造成機尾過重②，而那時飛機的四具發動機仍然在全馬力的狀態，此時機尾是下垂的狀況，四具發動機的推力將飛機垂直的往上推，而那時飛機中央油箱仍在燃燒。結論就是，中央情報局說，那往上衝去的火焰就是目擊者所看到往上衝的白光。

對於中央情報局的這種解釋，許多波音七四七的飛行員都覺得簡直是匪夷所思，完全是不可能的事。一位波音七四七的飛行員就表示，即使飛機在完全正常的狀態下，四具發動機的馬力也無法讓飛機「垂直」爬升，遑論在失去機頭、阻力大幅增加的狀況下，更不可能有爬升的現象。

除了專業的飛行員覺得中央情報局所製作的短片是在胡扯，當晚在長島附近的上百位目擊者也覺得短片並未反映出真實的情況，最明顯的就是他們所看到的白光是由地面向上衝，而不是如短片上所描述的由半空中向上衝。

疑點七：油箱爆炸說難成立

一位美國海軍退役中校威廉．唐諾遜（William Donaldson）退役之前曾在海軍擔任飛機失事調查的工作。他在環球航空第八〇〇次班機失事後，就高度關切失事調查案件的進展。他讀了國家運輸安全委員會所發表的失事調查報告，根據文件中所指出的殘骸狀態及失事原因，立刻看出其中有許多不合理的論點，尤其是失事調查報告中指出「飛機在飛行中爆炸的原因是中央油箱因電線短路而引發，繼而導致飛機空中解體」，是他最不能接受的。因為他很了解波音七四七所使用燃油（名叫Jet-A）的特性，那是一種很穩定、不容易被引爆的燃料。

唐諾遜有一位在聯邦調查局任職的朋友告訴他，聯邦調查局與國家運輸安全委員會曾在英國進行了一次秘密的油箱引爆測試，測試的結果也被列為「機密」，那位朋友還是將測試結果通報給唐諾遜。該次測試結果顯示，中央油箱爆炸後，爆炸的碎片曾將油箱附近的水箱打破，水箱的殘骸中也找到不少油箱的碎片，但是在環球航空八〇〇次班機的殘骸中，找到的水箱是完整的，並未破裂。

加州理工學院的沙紀柏博士（Dr. John Sagebiel）也曾作證，他對Jet-A噴射燃油的爆炸威力做過試驗，在海拔一萬四千呎的環境下，如果油箱內的油氣被點燃，它的爆炸威力僅是區區60psi③，這樣的力量無法造成波音七四七空中解體。因為飛機在飛行時，飛機周圍的空氣形成了一道很強的力量將飛機包在其中，這就像一輛汽車在靜止時，不用太大的力量就可以將車門打開，但是當車子以一百公里的時速前進時，要打開車門就不是平常的力量可以辦到的事。中央油箱如果真的因為內部油氣被電線短路的火花所引爆，爆炸時所產生的力量頂多是將飛機炸出一個洞，不會導致機頭脫落。

疑點八：快速離開現場的不明船隻

唐諾遜特別注意到，失事報告書中指出位於長島南端艾斯黎浦（Islip, New York）機場的雷達站，曾發現有一艘不明船隻在飛機墜落現場兩點五浬處逗留，等那架波音七四七在空中解體，碎片開始下墜時，那艘不明船隻突然以三十浬的高速離開現場。唐諾遜覺得這絕對是一個值得研究的現象，因為一個海上的目標能在那個地點被機場的雷達看到的話，那麼那艘船最少該有五十八呎高（超過十七公尺）。這種高度的船隻，絕不是一艘普通的漁船或遊艇。

而且在案發當時，那艘船隻與附近其它船隻的反應卻截然不同。其他船隻看到飛機墜海後，都急忙趕赴現場，想要加入救援，而那艘船卻立即以高速駛離現場。聯邦調查局並沒有試圖去尋找或了解它高速離開現場的原因，反而在失事報告中表示那艘船上的船員，應該是因為船本身的發動機聲音蓋過了飛機爆炸及解體時的聲響，所以不知道有飛機在他們後面墜海，而且那艘船駛離現場的三十浬速度則是「與當地漁船、遊艇的速度無異」。

疑點九：飛機破損的情形

唐諾遜也由飛機殘骸的相片中看出失事飛機的鼻輪艙門與機身脫離，鼻輪輪胎撕裂爆破，鼻輪的液壓唧筒也呈破裂狀態。這些現象不但讓他不解，失事調查報告對這些現象的解釋更讓他起疑。

報告中指出，鼻輪艙門是在飛機解體之後，在墜落期間被風的力量颳掉，鼻輪輪胎是被中央油箱爆炸後的碎片擊中後撕裂，鼻輪液壓唧筒也是被油箱碎片擊破。

對於這種解釋，唐諾遜很容易就能舉出反證來證明國家運輸安全委員會是在故意隱瞞事實。因為打開波音七四七的操縱手冊就可以知道：起落架可以在三百二十浬的空速下安全放出。環球航空八〇〇次班機上黑盒子的紀錄顯示飛機最後的空速是二百九十八浬，還在安全釋放起落架的速度內，因此鼻輪起落架艙門不可能在那個速度被風颳掉。

至於鼻輪輪胎是被油箱爆炸的碎片打破，唐諾遜表示在中央油箱與鼻輪艙之間還有電子艙及水箱，而水箱並未被擊破，因此不可能有碎片飛到鼻輪艙！在同樣的理由下，鼻輪液壓唧筒也不可能被油箱碎片打破。再說所有液壓唧筒都是可以承受3,000psi的壓力，即使是有碎片打中液壓唧筒，也不可能把它打破！

唐諾遜也將飛機殘骸與屍體撈獲地點的資料，與飛機的航跡相比之後，發現第一個由飛機上墜落下的物品是一位坐在第十排的一位旅客屍體。這位旅客屍體的尋獲地點，與第一塊由飛機上墜落的殘骸地點，兩者之間有近三千呎的距離。而那位旅客在機上的位置是位於中央油箱前方三十五呎，因此唐諾遜認為那位旅客不可能是在油箱爆炸後，由所炸出的缺口處飛出機艙，他覺得那位旅客所坐的位置附近應該是最早被飛彈碎片擊破的地方，那位旅客就由那破碎的缺口處被吸出機外。

疑點十：被刪除的資料

唐諾遜也發現，飛機黑盒子的資料顯示，飛機的高度及速度在出事前最後一霎那，產生了非常劇烈的變化：在一秒鐘的時間內，高度掉了三千六百呎（晚上二十點三十一分十一秒的高度為一萬三千七百七十二呎，僅僅一秒鐘之後，二十點三十一分十二秒的高度為一萬零一百二十七呎），速度也掉了一百九十八浬（二十點三十一分十一秒的時速度為二百九十八浬，一秒鐘之後，到了二十點三十一分十二秒的時候，速度為一百浬）。

環球航空 800 次班機高度速度劇烈變化

時間	高度／呎	速度／浬
20：31：11	13,772	298
20：31：12	10,127	100
相差	3,600	198

這種劇烈的高度與速度之變化，在正常的狀況下不可能發生，因為在一秒鐘之內的高度就喪失三千六百呎的話，那麼等於每分鐘的下降率是二十一萬六千呎，超過自由落體的終極速度甚多。**在物理上這是不可能的事！**

唯一能解釋這個狀況的情形就是：在那一霎那，機外有強大的空氣壓力進入測量空速及高度的靜壓口④，這種壓力的突變影響到了高度及速度的測量。同樣的，飛機的攻角顯示器⑤，也在最後一霎那由二十點三十一分十一秒的三度，在一秒鐘之內變成二十點三十一分十二秒的一〇六度！這也很明顯地表示，在那瞬間有一股相當強大的風是由飛機後下方傳來，這個狀況加上高度與速度的變化，顯然有一枚飛彈在飛機的後下方爆炸。

唐諾遜將他所研判的黑盒子資料於一九九八年一月八日公開發表，之後國家運輸安全委員會就悄悄的將黑盒子中二十點三十一分十一秒之後的資料刪除了，並註明黑盒子在二十點三十一分十一秒電力中斷之後就停止紀錄。但是，凡走過必留下痕跡，唐諾遜及許多對這件事有興趣的人都保留了原來未刪除前的資料，比較之下，就可以看出國家運輸安全委員會在蓄意煙滅證據。

就像唐諾遜一樣，許多人不相信政府所公布有關環球航空公司第八〇〇次班機的失事真相，也對聯邦調查局與國家運輸安全委員會刻意隱瞞事實的行為感到不解。根據我在美國居住了近五十年的經驗以及對美國社會的了解，我認為這件事就是一個由政府主導、利用公權力、有組織有目的去刻意誤導一般民眾，以便滿足一個政治目的。

結論：真相絕非政府的版本

這件事是發生在一九九六年七月下旬，恰逢美國總統大選年，而七月間的選舉時程已進入政黨召開全國代表大會階段。當年是現任總統柯林頓尋求連任，而這件飛機失事的案件如果被證明是恐攻的話，將對柯林頓造成鉅大的傷害。因為事後有媒體找到證據，早在十個月之前（一九九五年十月），紐約港務局就接到一個情報，指出為了報復美國把一九九三年在紐約世貿中心引爆炸彈的恐怖份子定罪，恐怖組織將會對紐約機場或民航機進行恐怖攻擊。而僅僅一個月後，在一九九五年十一月七日，一架德航的波音七四七與一架英國航空公司的飛機剛由甘迺迪機場起飛，就看到一個極快速的白色飛行物體飛過兩千呎的空層，對於那份恐攻的情報，及兩架飛機見到快速飛行物體擦身而過的事實，聯邦政府並未採取任何行動。

等到八個月之後，環球航空第八〇〇次班機在起飛後十二分鐘就墜海失事，因為有太多目擊證人指出那架飛機是被飛彈所擊中，聯邦調查局才在司法部的建議下介入調查。而在一開始，聯邦調查局也的確發揮了它的作用，對目擊證人作了詳細的談話，也對殘骸做了詳細的檢驗，發現了客艙座椅上的 PETN 炸藥的殘留物。但就在這個關鍵時刻，白宮發現如果那架飛機證實是被恐怖份子所擊落，而民眾又知道官方早在九個月之前就收到這方面的情報，但是卻沒有做任何進一步的調查，那麼政府將無法面對龐大罹難者的家屬，更無法在全國民眾之前對這件事自圓其說，因此決定將整件事情的真相隱瞞。

其實政府對事實真相的隱瞞手法是相當的粗糙。那位 C-130 飛行員在空中向航管中心報告目視有飛機在空中爆炸的火光，但後來改口說「什麼都沒看到！」一位技工檢查出一塊鋁皮上有硝酸反應之後，三位聯邦調查局的探員堅持那是「假」陽性反應；中央情報局為了解釋那些目擊者所看到由地面衝上天空的白光，所製作的那個會讓專業飛行員看了之後搖頭的短片；更別提還有唐諾遜所提出的諸多疑點。這麼多事實，都會讓人覺得這是一件政府刻意要隱瞞事實的空難事件。

只是，為了一個政治目的，有必要讓那二百三十位無辜的人變成大西洋海上的冤魂嗎？

現在，在這事發二十三年之後，重新將這事件的經過整理之後，看到國家運輸安全委員會所指出「中央油箱爆炸」是飛機失事的原因時，我心中的反應是：「我也許不會知道飛機失事的真實原因，但是我卻知道飛機絕不會因為中央油箱爆炸而墜毀！」

1肩射地對空飛彈中的成分。

2飛機的重心位於機翼，機翼就像槓桿的中心支撐點，機身在機翼之前的重量與機身在機翼之後的重量相等。

3psi是Pound Per Square Inch的簡寫，60psi是指每一平方吋有60磅的壓力。

4靜壓口（Static Pressure Port），測量飛機外界空氣壓力的洞口。

5攻角顯示器是一個純機械性的裝置，顯示飛機機身與相對風之間的角度，如果飛機是直線前進，那麼攻角就是0度，3度的攻角表示機頭稍微上揚。

第6章

冰雪迷航：韓航九〇二次班機

第6章 冰雪迷航

我小時候，家父在鐵路局的台北機廠上班，我們就住在台北市松山虎林街的鐵路局員工宿舍。當時不滿五歲的我，跟著爸爸去他上班的地方幾次之後，就能夠記住由家裡到台北機廠的路怎麼走了——似乎就是由家裡出來，隨著前面的路左邊一直走，見到一個小池塘後向右轉，再碰到一棵大榕樹後向左轉，不久之後就會到台北機廠的大門。

這種靠「地標」方式來記路的方法，相信也是被大多數人所採用。而不單人走路的時候，會利用這種方法來「導航」，在航空時代的初期，飛行員也是靠著羅盤及地面的地標指引，飛往目的地。當時為了怕飛行員將地面的地標弄混，許多城鎮還特別用白色油漆將該鎮的名稱漆在農舍的房頂上。後來飛行的高度逐漸提高，參考地標航行越來越困難，同時也因為跨海飛行時沒有地標可供參考，於是以往用在船上的的天文航行①，就被引用到飛機上。但是在雲霧罩頂的陰天裡，看不到星象的情況下，天文航行就無用武之地。於是科學家們又想到了用電台發射無線電波，飛機在收到幾個電台電波的時候，自己的位置就是在那幾個電台電波的交會點上。這種靠無線電電波的導航方式，被稱為「洛蘭導航」方式（LORAN, Long Range Navigation）。這種方式雖然不會受到雲霧的影響，但是因為電台所發出的電波涵蓋距離有限，所以飛在洛蘭範圍之外的飛機，還是得靠羅盤、六分儀等最基本的導航裝備來導航。

因此在慣性導航系統（INS, Inertia Navigation System）及全球定位系統（Global Positioning System）問世之前，所有長程飛機的飛行組員裡都必須包括一位領航員，確保飛行路線的準確性。

然而不管儀器有多精確，領航員有多專業，儀器總有故障的時候，人也會有閃神的時候，這種情況下，一些「離譜」的狀況就會發生。以下就是一則因為儀器故障、領航員又沒有察覺的狀況下，一架大韓航空公司的波音七〇七型客機由巴黎飛往阿拉斯加的安克拉治的途中，誤入蘇聯領空而遭蘇聯軍機擊落的故事。

即將登機

波音七〇七型客機是美國波音飛機公司在一九五〇年代中葉出產的噴射客機，也是美國跨入噴射時代的第一代噴射客機，速度比之前螺旋槳推動的飛機要快上幾乎一倍，更可飛到三萬呎以上的高度，在這個高度飛機不會受到氣流的影響，乘客可以平穩、舒適地以之前一半的時間，由紐約飛到巴黎。因此這型飛機在一九五八年開始營運後，立刻受到航空公司及旅客的歡迎，次年波音公司的產能達到每兩週出產三架，但這樣的進度還是無法滿足各家航空公司的需求。

然而，在進入商業營運之際，波音七〇七的導航系統還停留在「洛蘭導航」模式，因此早期的波音七〇七駕駛艙裡都還設有領航員的航行桌。

大韓航空公司在一九七〇年代開闢由首爾（當年稱漢城）前往巴黎的航線時，就是使用早期的波音七〇七客機。當年的南韓政府與蘇聯、北韓及中國沒有外交關係，所以由巴黎前往首爾的飛機不能經由東歐、蘇聯、中國及北韓這條近路到達首爾，必須繞遠路經過北極圈到阿拉斯加的安克拉治，落地加油之後繼續前往首爾。

雖然韓航所走的是遠路，但生意還是很好，關鍵在於它以廉價取勝：當一般航空公司一張由巴黎到台北的機票要價美金六百元左右的時候，韓航竟然只收四百多元，因此在巴黎的亞洲民眾要回家時，都會優先考慮韓航。

一九七八年四月二十日中午十二點多，巴黎奧利機場（Aéroport de Paris-Orly）的韓航候機室裡擠滿了一大群人，他們預備搭乘韓航九〇二次班機前往首爾。有些乘客的終點站就是首爾，也有許多乘客將在首爾轉搭韓航的其他班機前往亞洲各大城市。儘管目的地不同，他們卻懷著同樣興奮的心情，期望能及早踏上旅程。

組員與飛機

就在旅客們在候機室等候登機的同時，韓航九〇二班機的機長金暢圭與領航員李根植正在機場的飛行管理室裡面，辦理飛機放行的手續。金暢圭機長與當時所有的韓航機師一樣，都是韓國空軍退役的飛行員。他有著一萬多小時的飛行經驗，飛行那條通過北極圈的航線已有兩年多的經驗，當天他在飛行管理室看到航線上氣候是無風無雨時，心裡感到相當高興，因為他知道這會是一次相當輕鬆的航行。

當天九〇二次班機使用的機型是編號為HL7429的波音707-321B。該機於一九六七年九月出廠，先進入泛美航空公司開始商業營運。十年後的一九七七年三月，泛美航空公司將它賣給大韓航空公司。此時那架飛機已有十年的機齡，但在航空公司定期保養之下，狀況依然良好，而且這架飛機的四具JD-3D噴射發動機才剛經過D級保養，使用起來就像是全新的發動機一樣。

這班飛機上面有兩位中華民國籍乘客，分別是林惺嶽先生及陳明德先生。兩人都旅居西班牙，前一天才由西班牙搭乘夜班火車趕到巴黎，預備搭二十日的韓航九〇二次班機經首爾返回台北。林惺嶽是畫家，剛與馬德里的一家畫廊簽好合約，將一百餘幅西班牙畫家的畫送到台灣，由他安排展出。陳明德則是正在馬德里大學政治系修博士學位的留學生，他在林惺嶽與畫廊商談期間，曾在語文方面提供不少協助。

當天下午一點半，韓航九〇二次班機由奧利機場起飛之後，就對著北北西方向飛行，預計七個半小時之後在安克拉治落地。

那時客機上並沒有配置個人娛樂系統，因此林惺嶽與陳明德兩人就一路聊天來打發無聊的漫長旅途。談話中，突然一個奇怪的念頭閃過林惺嶽的腦中，他看著陳明德問道：「如果現在飛機的窗戶破了，你猜會有什麼後果？」

陳明德先是怔了一下，隨即笑著說：「你啊，會浮起來，然後被氣流吸出去！」林惺嶽聽了也笑了起來。只是他沒想到在幾個鐘頭之後，他真的就面對了機窗破裂的情形。

問過了那個近乎開玩笑的問題之後，兩人開始聊到西班牙的政治情況及一九三六年西班牙的內戰，陳明德對這個話題很有興趣，因為他所學的就是政治，而那時他正在撰寫博士論文，其中就提到了不少有關西班牙內戰的故事。

兩人邊聊邊說，或許日後兩人可以就中國人的觀點，合寫一本有關西班牙內戰的書，這樣就可以表現東方人對那一場西方內戰的看法及意見。

不應該出現的夕陽

林惺嶽及陳明德在閒聊中，發現落日的餘暉已由窗口衝入機艙內，他們當時看了看機外已被夕陽染成橘紅色的雲彩，除了覺得景色絢麗之外，並沒有覺得有任何不對，畢竟他們是下午一點半由巴黎起飛，幾個鐘頭之後，太陽下山是很正常的事，沒有什麼值得奇怪的。

但是，飛機上的另一位日籍乘客小谷岸夫（Kishio Otani）卻對眼前的落日景象感到不安。他經常飛這條航線，知道飛機在這個時候應該已經通過北極圈，飛機上該看到的是日出，而不是日落。而最令他感到不安的，則是太陽的方位：正常情況下此刻太陽應該位在飛機的左邊，但現在陽光卻正由右邊的窗戶進入機艙！

小谷岸夫於是詢問一位空服員，飛機是否發生了狀況正在折返？通常空服員對飛航的狀況並不了解，除非機長已經宣佈狀況，因此空服員便回復小谷岸夫說，機長並未宣佈任何異常狀態，該是沒有什麼問題，請放心吧。

其實，那時飛機還真是已經偏離預定航路，而且偏得很遠了！

朝著冰冷鐵幕直飛

韓航九〇二次班機的導航系統是洛蘭導航，在利用地面電台的電波計算出飛機當下的位置之後，必須利用羅盤的指示飛往下一個檢查點。但是飛機在飛行了四個多小時之後，已經接近北極圈，地球磁場在那個地區對羅盤的影響相當大，領航員必須每幾分鐘做一次磁偏角校正，才能確保飛機的正確航向。九〇二次班機的領航員就是在北極圈附近進行磁偏角校正時，發生嚴重錯誤，使飛機在格陵蘭西部的雅羅斯米爾島（Ellesmere Island）附近向右轉了一個一百五十度的大彎，對著蘇聯直飛而去。

離譜的是，在那之後的兩個多小時中，九〇二次班機上的幾位飛行組員竟然沒有一個人發現這個錯誤！

早在九〇二次班機距蘇聯領空還有四百浬時，蘇聯軍方的防空雷達就注意到了這個在雷達幕上對著蘇聯國境而來的光點。最初蘇聯軍方以為是一架蘇聯海軍的飛機，執行完任務後，在返

韓航 902 班機迷航的航線。

航途中忘記將敵我識別器（IFF, Identification of Friend or Foe）打開。但是當那架飛機持續不理會地面對它的呼叫，而又在莫曼斯克以北地區直闖蘇聯領空，更以高速繼續在科拉半島（Kola Peninsula）上空向南飛，此時蘇聯在莫曼斯克的戰管單位除了立刻下令附近雅伏干達空軍基地（Afrikanda Air Base）擔任警戒的SU-15戰鬥機緊急升空攔截，也即時將此一訊息傳給莫斯科的防空司令部。

正在雅伏干達空軍基地擔任警戒的波索夫上尉（A. Boskov）接到命令後，立刻率領僚機升空，隨著戰管的指示前往攔截韓航的九〇二次班機。當時天色尚未全暗，所以波索夫上尉很快就在空中找到了韓航客機，只不過剛開始看見客機的時候，他將九〇二次航班使用的波音七〇七機型誤認成美軍的RC-135電子偵察機。其實這也難怪他，因為RC-135本來就是由波音七〇七所衍生出來的機型，加上波索夫將那架韓航客機垂直尾翅上的韓航商標，誤看成是北大西洋公約組織（NATO, North Atlantic Treaty Organization）的標幟，於是波索夫在第一時間向戰管回報時表示，入侵者是一架屬於北約組織的電子偵察機。

接著波索夫繼續向九〇二次班機接近，他才發現那其實是一架客機，機身上有明顯的方塊漢字，垂直尾翅上的標誌也不是北約的標幟，而是一隻紅色展翅的鸛鳥。

同時間，坐在飛機右側靠窗位置，正在與陳明德聊天的林惺嶽，無意中往窗外看去，看到了那架正飛在飛機右翼的 SU-15 戰鬥機。這是林惺嶽第一次在空中看到另外一架飛機，而且那架飛機又飛得離他們的飛機如此接近，於是他停止了與陳明德的聊天，專心看著那架幾乎就是貼在自己飛機右翼邊上的飛機。當他看到對方機翼下竟然掛有飛彈，他頓時明白，對方是一架戰鬥機！

黃昏時分，太陽正在韓航客機的右邊，背著陽光看去，那架戰鬥機的輪廓非常優美地懸在夕陽裡，對色彩及線條極為敏感的林惺嶽，覺得眼前的景象就像一幅具有特殊繪畫效果的黃昏圖畫，給人一種無法言喻的柔和之美。

林惺嶽對飛機的認識有限，他根據對方飛機的外型判斷是一架戰鬥機，除此之外，他不知道那架飛機的型別及國籍。坐在他旁邊的陳明德這時也發現了那架飛機，他猜想，會不會是一架北歐國家新近購買的美製 F-16 戰鬥機。

兩人對話的當下，那架戰鬥機的機身稍微向右偏了一下，經過陽光的微妙反射作用，林惺嶽赫然看到了戰鬥機垂直尾翅上的紅星。原來是一架蘇聯的戰鬥機！

雖然知道了是一架蘇聯戰鬥機，但林惺嶽沒有一絲恐懼，他還繼續聚精會神地欣賞著那架飛機優美的外型與飛行雄姿。

引導落地，還是擊落客機？

坐在九〇二次班機駕駛艙裡的空勤組員，發現有一架戰鬥機飛在他們飛機的右邊時，無疑地該知道他們已經偏離航道很遠了。機長金暢圭看著飛在他右側的那架蘇聯戰鬥機，心裡曉得自己該是已誤入蘇聯領空，於是他試著用 121.5MHz 的緊急波道與戰鬥機聯絡，卻無法取得接觸。

根據國際民航組織的條例，要攔截一架迷航的民航機，如果無法用無線電與民航機聯絡的話，擔任攔截的飛機應當由迷航民航機的左後方接近，從民航機左側超越，然後在民航機左前方搖擺雙翼。這個動作是告訴那架民航機：跟我來。當民航機看到攔截機這個動作之後，也該搖擺雙翼表示服從，然後攔截機就會指引民航機前往附近的機場落地。

當天蘇聯 SU-15 式戰鬥機是由九〇二次班機的右邊接近，也沒有按照國際慣例擺動雙翼，但是九〇二次班機的機長金暢圭知道既然戰鬥機已經飛到他的旁邊，即使沒有依照國際民航組織的慣例飛到他的左前方，他也必須隨著那架 SU-15 飛行，前往最近的機場落地。於是他開始擺動雙翼，同時打開落地燈，表示他會接受 SU-15 的指引。

波索夫上尉坐在 SU-15 狹小的座艙裡，一開始也以為自己將負責引導那架民航機前往附近的機場落地。不料他收到的命令竟然是：**將入侵者擊落！**

波索夫上尉試著與上級溝通，他強調那架入侵者是一架民航機，顯然的是一架迷航的民航機，因此他希望上級能重新考慮。

上級沒有理會他的請求，還是命令他將那架民航機擊落。波索夫上尉聽了之後，便開始做射擊的準備，因為他是軍人，服從是軍人的天職。

中彈、洩壓、極度絕望……

波索夫上尉將他的 SU-15 減速，退到韓航客機的後方，鎮定地瞄準他前面的九〇二次班機，然後扣下板機，左翼下的 R-60 飛彈隨即帶著暗紅色的火焰衝向波音七〇七型客機。然而飛彈錯過了目標，擦著波音七〇七的機腹下方通過。波索夫上尉重新調整了一下瞄準儀之後，再度扣下板機，這枚飛彈擊中了客機左翼，左翼尖附近長約四呎的機翼當場被擊斷飛

韓航 902 次班機左翼尖被打斷飛脫，情況嚴重。該圖後由芬蘭網路媒體取得。（圖：Andrew Heninen http://heninen.net 授權使用）

脫，爆炸的碎片也將機艙左側刺穿了好幾個洞。

巴黎時間晚上八點四十三分，正當林惺嶽與陳明德在討論剛才那架飛機是什麼機型的時候，一聲巨大的爆炸聲由機身左後方傳來，飛機隨即開始劇烈的抖動，所有旅客都被這個突如其來的狀況嚇的不知所措，一時尖叫聲與機艙洩壓時的高頻風聲充滿了機艙。林惺嶽突然想到了剛才那架飛機機翼下的飛彈……

座位在23B的一位韓籍商人方台煥，被爆破的碎片擊中腦部，當場斃命。坐在他後一排靠窗座位的日籍乘

飛彈破片穿刺進入左側機身之處。（圖：Andrew Heninenhttp://heninen.net 授權使用）

客菅野，右肩也被爆炸碎片擊中，鮮血像噴泉似的由傷口噴出。坐在他旁邊的哥哥，則遭碎片擊中右腿，只是傷勢沒有菅野嚴重。

飛機被擊中之後，機長金暢圭由儀錶板的顯示知道機艙已破，當時的高度為三萬呎，如果沒有氧氣，全機乘客會很快就昏厥，在幾分鐘內因缺氧而喪生。所以他一面將自己的氧氣面罩戴上，同時將駕駛盤向右轉，並向前推，讓飛機朝右進入高速俯衝，希望盡快將飛機下降到不需要氧氣就可以呼吸的高度。

九〇二次班機被擊中後，蘇聯地面的雷達一度將那飛脫的四呎機翼誤認為是入侵者所發射的巡弋飛彈，曾大聲警告空中那兩架 SU-15，並要求他們追蹤並將那飛彈擊落。但是波索夫及他的僚機都沒有見到那個被地面誤認為是「巡弋飛彈」的破碎機翼。

九〇二次班機上所有的乘客從未經歷過如此高速的俯衝。在那種俯衝的速度下，快速的壓力變化讓林悍嶽覺得他的耳膜根本無法承受，他將食指緊緊塞進耳朵，試圖減輕那陣難耐的痛楚。

當時空域在兩萬呎左右有一層厚雲，波索夫看到九〇二次班機是以很大的角度鑽進那簇厚雲之中，他認為那架飛機必然墜毀無疑。於是他將他認為飛機會撞地的地點回報給戰管之後，就帶起機頭，與僚機一同飛回基地，而沒有隨著九〇二次班機鑽進雲層去確認飛機墜地的地點。

飛機高度降到一萬五千呎左右時，金暢圭將駕駛盤慢慢的拉回，飛機由大角度俯衝的狀態漸漸改平，然後在八千呎左右恢復平飛。這時飛機已衝到雲層之下，金暢圭放眼向四下看去，昏暗的黃昏陽光下只見白茫茫的一片，到處都是積雪，很難看得出地勢到底夠不夠平坦，適不適合讓這架重達二十餘萬磅的飛機迫降。

副駕駛車淳道由飛機中彈開始就一直用無線電對外呼救，卻沒有收到任何回音。等飛機在八千呎改平之後，因為高度太低，他的呼聲就更不容易被外界聽到了。九〇二次班機的領航員李根植知道自己鑄成大錯，因此很急的想藉著洛蘭儀來定位，然而他雖然可以收到洛蘭電台的電波，卻沒有當地的航圖，因此還是無法知道當時飛機的位置。

金暢圭機長的心中實在是憤怒與懊惱交集，憤怒的是自己竟然會疏忽到這種地步，讓飛機飛進蘇聯的領空裡，更讓他懊惱的是他所負責的旅客中，已有人在這事件中喪生，而他卻還不知道自己當時身處何處，不知道自己要如何將飛機及機上一百餘位驚嚇的旅客安然降落地面。

飛機恢復平飛之後，機艙裡的驚恐氣氛稍為緩和了一點，不過大部分的旅客還是將自己緊緊的繫在座椅上，那是他們唯一覺得可以自救的方法，彷彿只要將安全帶繫得越緊，就越有安全的保障。

林惺嶽的腦中一直記著那架戰鬥機翼下的飛彈，他想著飛機如果真是被飛彈擊中，那麼被擊中的部分該正在燃燒，燃燒的火焰會不會波及到飛機的其它部位？飛機會不會因此而爆炸？這些想法有如走馬燈似的不斷在他腦中徘徊，他的心就一直處在極度的恐懼之中。

月光下的迫降

陳明德把自己的西裝上衣穿上，又隨手將林惺嶽的西裝上衣遞給他，示意他該將上衣穿上。林惺嶽正奇怪陳明德怎麼會在這個時候想到要穿上西裝上衣，突然想到他自己的護照及其他身份證明文件都是在西裝的口袋中，陳明德一定是想到在自己隨著飛機撞地而粉身碎骨之後，搜救人員可以藉著西裝裡的文件，辦認出屍體的身份。這種想法雖然令人心酸，好像也是有其必要性，於是林惺嶽鬆開抓住前面椅背的手，將西裝上衣穿好。

飛機的廣播系統中傳出了機長的指令，要求所有乘客穿上救生衣，這使得旅客們再度陷入另一層的恐懼：如果要穿上救生衣，就表示飛機將在海上迫降，即使能在迫降中倖存，在那寒冷的海上他們又能活多久？這真是會讓人感到極度絕望的情況。

林惺嶽穿上救生衣之後，看著空服員正在協助其他乘客將救生衣穿好，那些空服員看起來頂多不過二十多歲，她們雖然緊張，臉上的表情卻是機警而帶有勇氣，那種臨危不亂的神情給了林惺嶽莫大的鼓舞，讓他覺得飛機實際的狀況該不會太糟。

金暢圭機長將飛機保持在五千呎以下的高度，飛在科拉半島上空。此地的地形地貌及環境都很陌生，僅能藉著些微的月光，希望能找到一個機場降落，或是找到一塊平坦的地面，可讓他把這架受了重傷的波音七〇七客機安全的落下。

就在同時，蘇聯地面部隊已經開到先前 SU-15 標示的客機墜毀地點，卻沒看到飛機殘骸或是飛機墜地的跡象。這使蘇聯軍方大吃一驚，那架入侵者竟能在中彈後逃逸！在他們看來，這實在不是一位普通的民航機飛行員所能做得到的事，於是蘇聯軍方開始大規模搜索，想知道那架飛機到底飛到哪裡去了。但是科拉半島上的丘陵地多，而韓航客機又飛得很低，幾個雷達站所獲得的回波都是斷斷續續的，無法確實掌握那架飛機的行蹤。

金暢圭機長稍微想了一下，芬蘭該在他的西邊，如果他能將飛機撐到芬蘭找地方迫降，絕對會比在蘇聯落地要強。於是他就駕著這架受傷的飛機往西飛去。

巴黎時間晚間十點多鐘，金暢圭機長發現他正通過一大片相當平坦的雪地，那塊平坦的雪地四周有些樹叢，但中間區域沒有任何樹木，同時也極為平坦。他判斷那塊平地是一個結凍的湖面，那該是一個理想的迫降場地，於是他調轉機頭，由那塊雪地上空重新通過一遍，同時仔細的觀察地面，想確認沒有任何障礙物會影響到

韓航 902 次班機迫降之後的情形。（圖：Andrew Heninen http://heninen.net 授權使用）

飛機的迫降。

第二次通過之後，金暢圭機長發現那塊平坦的雪地不但平坦，而且長度也足夠，覺得是個值得一試的場地。於是他通知後艙的空服員，要他們將旅客做好迫降的準備。

林惺嶽正覺得奇怪，飛機為什麼一直在轉彎的時候，空服員向大家宣佈飛機即將迫降，要大家將雙手抱著頭部，將頭低俯在膝前。林惺嶽照著指示在低下頭去的時候，聽到引擎聲音的變化，清楚地感覺到飛機已經接近地面，他全身的肌肉在那一霎那完全繃緊，準備面對那不可知的撞擊力

韓航 902 次班機迫降之後的情形。（圖：Andrew Heninen http://heninen.net 授權使用）

量！

金暢圭機長決定不要將起落架放下，只用機腹著陸，原因是他無從得知那個湖面的冰層多厚，假如貿然放下起落架的話，那麼整架飛機的重量將會全部集中在三個點上面，當主輪觸地撞擊時，湖面的冰層說不定會被撞破，這樣的話就很麻煩了。

金暢圭對準了那片雪地開始進場，他把飛機的襟翼完全放下，四具發動機的油門慢慢收回。飛機在他的操控下緩緩降低高度，飛過了平坦雪地邊界的樹叢之後，他再將駕駛盤拉回，讓飛機失速，輕輕落在平坦的雪地上。

飛機觸及雪地上的撞擊力比林惺嶽預期中要小，厚厚的積雪成了最好的減震及減速的媒介，因此飛機減速的很快，最後在機頭急速向右偏轉後，終於停了下來。飛機剛停妥的時候，機艙裡所有的人好像都不敢相信，這一場空中夢魘竟然就這樣結束了，因此在遲疑了幾秒鐘之後，才爆出一陣歡呼聲。日本人、韓國人、法國人都用各自的語言呼喊著感謝上天的話，這種死裡逃生的經歷讓全體人員緊緊融合在一起，互不認識的人們也彼此擁抱，慶祝由九重天上歷劫歸來。

機長金暢圭由駕駛艙裡出來時，所有的乘客再度歡呼著給予熱烈的喝采與掌聲。機長先是對大家致歉，並表示因為領航儀器發生故障，導致飛機誤入蘇聯領空，而遭受到蘇聯戰鬥機的攻擊。但是大家都認為他是不需要抱歉的，因為能讓飛機安全的著陸，就夠讓大家感激一輩子了。

金暢圭機長隨後到機身左側有人員傷亡的區域去，有一位日籍醫生正在為傷者急救，菅野先生的傷勢最為嚴重，因為沒有適合的醫療器材可以止血，他在飛機安全迫降之後不久就因失血過多而不幸過世。

有一位韓籍的乘客走到金暢圭機長旁邊，說有要事必須單獨向他報告。於

左翼被打斷的地方。（圖：Andrew Heninen http://heninen.net 授權使用）

是機長跟他走到機尾處，在那裡，那位乘客告訴金暢圭，他是韓國一家國防工業公司的工程師，隨身帶著一些非常敏感的機密文件，這些文件如果被蘇聯取走的話，會對南韓軍方造成非常嚴重的後果，因此他希望在蘇聯軍方到達之前，將那批文件燒毀。

金暢圭在聽了這番話，先是覺得可以讓這位工程師到機外去燒掉文件，然而他又想到如果去機外燒的話，不但會留下痕跡，被蘇聯軍方發現的話勢必會引來更多的麻煩。可是在機艙裡焚燒文件，又會有安全方面的顧慮，畢竟誰也不願意在安全落地之後卻因在機艙內燒

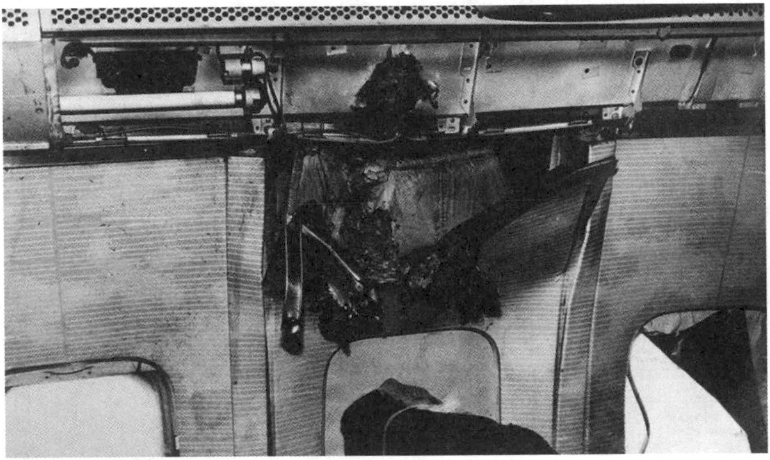

機艙內部被飛彈破片穿入之處，使得兩名乘客不幸喪命。（圖：Andrew Heninen http://heninen.net 授權使用）

文件引發火災，把整架飛機燒掉。最後，機長決定讓工程師在廁所裡將文件燒毀後，再用水沖掉灰燼，同時請一位空服員拿著滅火器站在廁所裡待命，以策安全。

冰點下的等待

逼人的寒氣，很快就把飛機成功迫降所帶來的歡愉給驅走。飛機在發動機停止運轉之後，暖氣也隨之失效，高緯度地區在四月中旬還是相當的寒冷，因此機艙內原有的溫暖很快就由機身破裂處漏光。乘客們當時所穿的衣服，根本不足以應付冰點以下的氣溫，於是飛機上的薄毯很快就被旅客們搶光。林惺嶽當時動作不夠快，只拿到一個枕頭，也算是聊勝於無，他將枕頭環抱在腹部，保持胸腹部的溫度。

飛機上所有電力設施也都因發動機停轉而失效，僅靠電池維持有限的電力，機艙內大部分的燈光自動熄滅，僅留下幾盞緊急照明設備。昏暗的環境加上酷寒，讓機內流傳著一股對現況極度不安的氣氛。飛機雖然已經安全著陸，但是，似乎沒有人知道飛機落在哪裡，幾位空服員努力的試圖安撫機艙裡一些激動的旅客，然而，林惺嶽可以由那些年輕空服員的臉上看出，他們對當下的情況也沒有任何概念，他們只是仍然在做他們認為是份內該做的事罷了。

在理智上，林惺嶽了解飛機該是迫降在蘇聯境內，但是他卻情緒性的期望飛行員在飛機被擊中之後的那一個多小時中，能飛到美國的阿拉斯加，因為在他的認知中，美國似乎是較為理性的，反之，對蘇聯的不了解，讓他對蘇聯將會如何處理這件事，起了相當大的疑問。

飛機在冰湖上迫降一個多小時之後，空中終於傳來飛機的聲音。不一會兒，一架直升機就由湖邊的松樹上快速衝了過來，它圍著趴在雪上的那架波音七〇七繞了幾圈之後，又循著原路飛了回去。機上的旅客對於直升機的出現，心中的感受相當複雜的，因為那表示他們已被尋獲，救援隊伍該很快就會來到。但是，對於一個會對民航機開火的國家，旅客們實在不知道下一步會有什麼樣變化。

不久，一架大型的直昇機降落在韓航客機的旁邊。空服員很俐落地將艙門打開，隨著冷風及飄雪進入機艙的是一位高大、穿著制服的軍人。金暢圭機長迎了上去，用英文對著那位士兵說了一句話，那位士兵卻用另一種語言回覆。這時，大家終於確定了自己是迫降在蘇聯的國境內了。

那位士兵提高聲調，對著大家又說了一句俄語，但沒有人了解他的意思。就在機長眼睜睜瞪著那位士兵束手無策的當下，一位法籍黑人挺身而出，用俄語回覆了那位士兵，他是整架飛機中唯一會說俄語的人。機長在他的翻譯之下，順利地請蘇聯軍方抬來幾個擔架，將幾位受傷的乘客抬下飛機，用直升機帶走。

直升機走了之後，林惺嶽發現飛

許多蘇聯士兵圍繞著迫降在冰凍湖面的韓航 902 次班機。（圖：Andrew Heninen http://heninen.net 授權使用）

機旁邊又多了些軍人，他們是乘著履帶裝甲車來到迫降的飛機旁邊，那群士兵在飛機的旁邊點燃了一個火堆，將飛機四周的黑暗及寒冷驅走。藉著那團火的亮光，林惺嶽才發現飛機左翼由外側發動機附近一直到翼尖，幾乎完全被飛彈打斷，他實在不敢相信在這樣的狀態下，飛行員竟然還能讓飛機繼續飛行一個多小時，最後安全迫降。他覺得那絕對是飛行領域中最神乎其技的表演！

一位蘇聯士兵將飛機上所有乘客的護照收走，林惺嶽雖然覺得這算是正常手續，但他交出護照的當下，也不禁想到：蘇聯當時正與中共鬧得水火不容，這樣的話，蘇聯人會如何對待與中共對峙的中華民國旅客呢？按照「敵人的敵人就是朋友」的理念下，蘇聯會不會對台灣的旅客較為客氣呢？

一位蘇聯軍官再度進入韓航客機的機艙，經由法籍旅客翻譯告訴全體乘客：他們將分批由直升機送到一個蘇聯城市，機上的婦女及孩童優先撤離，其餘的乘客再根據座位順序分批撤離。

就這樣，全飛機的旅客由直升機送到一處叫「肯（Kem）」的城市，在那裡被安排到一個軍官俱樂部休息。每位乘客心中最大的問題就是：「何時可以離開蘇聯，回到自己的國家？」然而在場照顧（監視？）他們的蘇聯軍官卻是三緘其口，或許他們自己也不知道事情的後續會如何發展。乘客們要求使用電話與家人聯絡，但蘇聯官方卻連這點方便都不願提供，所以旅客們就在那個軍官俱樂部裡，盲目的等待著一個不可知的未來。

一組大意的前艙組員，與一個粗暴的邪惡政府

雖然旅客們得不到外界的消息，但他們的故事那時已經成為全世界各大媒體的頭條新聞，大家一面倒譴責蘇聯政府冷血地將一架民航客機擊落，同時也不了解為何蘇聯不允許外界與那些倖存的旅客聯絡。

韓國與蘇聯沒有外交關係，韓國官方於是委託美國從中與蘇聯交涉。蘇聯當局那時大概也了解，無論這件事故的原因是什麼，那群旅客是無辜的，於是很快就答應將一百餘位旅客及空服人員釋放，僅將金暢圭機長及領航員李根植兩人留下做進

一步的詢問。

四月二十二日，泛美航空公司的一架波音七〇七客機將那些歷劫歸來的乘客由蘇聯的莫曼斯克載運到芬蘭的赫爾辛基，在那裡休息一天之後，所有乘客再由韓航的飛機接回他們最初的目的地首爾。

又過了一個星期，蘇聯塔斯社宣佈：韓航九〇二次班機的機長金暢圭及領航員李根植兩人承認，因領航儀器故障而誤入蘇聯領空，又沒有理會蘇聯軍機要求落地的命令，才導致飛機被擊落。他們兩人於四月二十九日被蘇聯政府釋放，至此韓航九〇二次班機的事故正式落幕。

由於蘇聯官方不允許國際民航組織檢視那架飛機的黑盒子，因此外界無從了解那架飛機迷航的真正原因。不過，依照正常飛航程序來看，金暢圭機長絕對要為此事負起最大的責任。在極地附近飛航時，因羅盤受地磁影響而導致航向錯誤的事時有所聞，但是韓航九〇二次班機在格陵蘭西部的雅羅斯米爾島附近向右轉了一個一百五十度的大彎之後，又繼續飛了兩個多鐘頭，在那期間連客艙裡的一位乘客都發現飛機航向有誤，駕駛艙裡的幾位組員竟然還是渾然不覺，實在是一件匪夷所思的事。

不過，即使金暢圭機長及領航員李根植兩人犯了技術上的錯誤，蘇聯軍方決定將一架無武裝的民航機擊落，更是犯了不可原諒的罪行。幸好金暢圭機長憑著豐富的經驗及高超的飛行技術，得以讓那架飛機安全的迫降在冰凍的湖面，使絕大多數的乘客得以死裡逃生。

或許是因為在這件事故中只有兩人喪生，韓航九〇二次班機事件只成為冷戰期間的一個小小故事，韓國與蘇聯似乎都沒有由這件事件中得到任何教訓。導致在五年之後，韓航〇〇七次班機重複了這一個錯誤，只是那架飛機上的乘客沒有九〇二次班機上的旅客那麼幸運，而是全體喪生在蘇聯軍機的飛彈下！

---

1 天文航行是利用六分儀來觀測天空的星星與自己的相對角度，來決定自己的當下位置。

第7章

這家公司以後不會再犯了……民航空運公司七二七客機

第7章 這家公司以後不會再犯了

一九六八年二月十六日是鄧蓓蒂的二十歲生日。那天是星期五，剛好輪到她休假，她的弟弟鄧藍棣放學時還特別去買了一個大的生日蛋糕，預備在晚上替姊姊慶祝生日。

香港真光女中畢業的鄧蓓蒂，因為具有流利的英語能力、秀麗的外型及高䠷的身材，使她在十九歲那年就被民航空運公司錄用為空服員。在當時的台灣，這是許多少女夢寐以求的工作。

沒想到，那天下午四點多她接到公司的詢問電話，因為有位空服員臨時請假，她能否幫忙臨時飛一趟香港來回的班次。為著一個我們永遠不會知道的理由，鄧蓓蒂當時竟然看著弟弟給她買的蛋糕，在電話中答應了公司排班的要求。

以噴射機的速度來說，台北到香港的航程只不過一個多小時，所以當天傍晚鄧蓓蒂穿著制服在毛毛細雨中離開家門之際，告訴母親及弟弟，她晚上十點鐘以前一定可以回到家，請家人務必等她到家，再將蛋糕上的蠟燭點著，全家一同慶生。

五十餘年之後，鄧藍棣回憶那天姊姊離家的情景時，仍然很感傷的說：「那些插在蛋糕上的蠟燭，沒有機會點著。姊姊也始終沒過她二十歲的生日。」

就在鄧蓓蒂離家前往松山機場的同時，民航空運公司的航務處副處長休・希克斯（Hugh Hicks）正與他的夫人葛羅利亞結束了為期兩天在香港的休假，預備前往啟德機場搭當天晚上的那班飛機，返回台北的家中。

民航空運公司最早是由飛虎隊創辦人陳納德將軍（Claire Chennault）在二次大戰之後創辦，專門在中華民國境內營運。在中共建立政權以前，民航空運公司與中國航空公司（CNAC, China National Aviation Corporation）及中央航空公司（CATC, Central Air Transport Company）是中國大陸三足鼎立的航空公司。一九四九年十月中華民國政府撤退到台灣，中國航空公司及中央航空公司選擇同時投共①，民航空運公司是當時唯一隨著國民政府遷到台灣的航空公司。

台灣當時的社會經濟情況，並沒有足夠的消費能力來支持一家航空公司，而美國的中央情報局那時正需要一支秘密的空中武力，執行一些美國政府不能公開承認的任務。於是中央情報局在一九五〇年將民航空運公司收購。此後在一九五〇年代初期，民航空運公司公開的還是維持著一家民用航空公司的外表，但暗地裡卻在韓戰中替中央情報局執行對中國大陸東北的空中任務，又在中南半島以飛機空投支援法國在越南的奠邊府之役。這些秘密任務，加上原有的民航營業，讓民航空運公司獲利頗豐，有財力在一九六一年購入一架康維爾八八〇噴射客機（Convair 880），成為亞洲地區第一家使用噴射客機的航空公司。

當天晚上由松山到香港的那個班次，所使用的機型則是三引擎的波音七二七噴射客機，那是民航空運公司於一九六八年一月間把原有的康維爾八八〇噴射客機賣給國泰航空公司，另外引進的先進噴射客機，機上的飛航電子儀器比原先的康維爾八八〇先進許多。

這架波音七二七的正駕駛是司徒．第歐（Stu Dew），他是民航空運公司最早的八位飛行員之一，飛行總時數高達一萬九千七百餘小時，其中包括

張崇斌在民航空運公司的波音七二七擔任飛航機械員，差一點點遇上死劫。（圖：張崇斌提供）

四千八百餘小時的噴射機飛行時間。自從一九六六年他開始接觸波音七二七型飛機以來，已經累積了一百餘小時的波音七二七飛行時間，該算是一位經驗非常豐富的飛行員。副駕駛是華裔的黃伯謙，他在民航空運公司已有十七年的飛行經驗，飛行總時數一萬六千八百七十二小時，也是在一九六六年開始換裝波音七二七，該型機的飛行時間與第歐不相上下。其實以他的飛行經驗及技術來說，其實早可以升任正駕駛，但在這家外籍人士當權的華籍航空公司裡，他卻始終沒有晉升的機會。

駕駛艙裡還有一位飛航機械員，是曾在空軍官校十八期受訓的張崇斌。他在加入民航空運公司之前，已在中國航空公司與中央航空公司兩家公司擔任過副駕駛，兩航事件之後，他沒有隨著其他人員投入共產中國的懷抱，反而加入民航空運公司繼續擔任副駕駛。公司進入噴射時代後，他被選為噴射機的組員，擔任飛航機械員。

這架波音七二七在黃昏時分由松山飛抵香港，這時希克斯與他的太太已經在貴賓室等候了。飛機在當地只停留一個多鐘頭，等客艙清理完畢就立刻飛返台北，於是希克斯在一般旅客登機之前，就帶著他的夫人先行登機，將他的夫人安置在頭等艙以後，就進入駕駛艙與組員們閒聊。

希克斯在二次大戰期間就以美國陸軍航空隊（US Army Air Corps）的飛行員身份，在中國戰場擔任作戰任務。大戰結束之後，他在一九四八年加入民航空運公司，繼續在中國大陸飛行。民航空運公司被中央情報局收購之後，他也曾擔任公司支援奠邊府之役的任務，前往越南支援法軍。他的飛行總時數超過兩萬小時，並在一九六六年完成了波音七二七換裝訓練，此後的一年多期間他累計了一百四十餘小時的波音七二七飛行時間。

張崇斌回憶，那天在飛機上見到希克斯走進駕駛艙，很明顯可以看出他情緒相當的亢奮。張崇斌覺得希克斯大概在貴賓室裡曾喝了些酒，才會有那樣的表現。

旅客陸續登機了，駕駛艙的組員開始做起飛前的準備。按照專業的要求，希克斯應該在此時回到客艙坐好，可是他反而繼續待在駕駛艙裡與組員聊天。當時張崇斌正按著查核表依序唸出每一個檢查項目，有好幾次必須打斷希克斯的話，來確定另外兩位組員有確實執行檢查項目。張崇斌心裡一度興起一個念頭，想建議希克斯回到客艙去坐好，但礙於希克斯是公司航務處副處長的身份，他只好將到了舌尖的話嚥了回去。

一位坐在客艙中段靠窗的旅客是家住香港的高永齡先生，那天他正要前往台灣，擔任台北市西門町華僑百貨公司的總經理一職。他進入客艙坐妥了之後，立刻將安全帶牢牢繫緊，並仔細觀察飛機的緊急出口是在哪個方位。他會這麼緊張，是有原因的。

就在三個多月之前，高永齡搭國泰航空公司第三十三次班機（一架康維爾八八〇式噴射客機）由香港前往西貢，飛機在起飛滾行的階段發生故障，飛行員放棄起飛之後無法將飛機即時減速，最後飛機衝出跑道，衝進維多利亞海灣，造成一人死亡，飛機全毀。落海之後，飛機在高永齡的座位前方斷裂，他才能快速地由斷裂處爬出飛機。雖然他在國泰航空的失事中僥倖生還，可是這種可怕的驚險過程一直在他腦中揮之不去。因此這次他登機後，立刻非常警覺地查看座位四周，牢牢記住了緊急出口與他座位的相對位置。

飛機於晚上八點十八分由香港啟德機場起飛，在航管中心指示下向台灣方向爬高。那時飛機是在自動駕駛的控制下飛行，黃伯謙坐在副駕駛座上注意著儀錶，張崇斌也專心盯著儀錶指針顯示的三具JT-8發動機運轉狀況。至於希克斯與正駕駛第歐兩位美國飛行員，則在興高采烈地聊天。

飛機爬到三萬五千呎改平飛後，希克斯突然向第歐表示，距他上一次飛波音七二七，已經有兩個多月了，而且他也從來沒飛過公司的這一架飛機，因此他想坐上駕駛座，實地操縱這架飛機，過一下飛行的癮。第歐聽了之後立刻將安全帶解開，將駕駛座讓給了希克斯，自己則坐在正、副駕駛中間後方的臨時組員座椅。

張崇斌心想，希克斯實在不該提出這個很不專業的請求，第歐更不應該讓座。可是他轉念一想，希克斯是個合格的波音七二七飛行員，也是公司航務處副處長，雖然以前並沒有這種在航程中毫無理由隨意更換飛行員的先例，不過他也想不出任何理由可以出面干涉，於是他也就沒有作聲，繼續坐在他的位置上執行飛航機械員的勤務。

晚上八點四十五分，希克斯用無線電通知台北航管中心：本機已飛進台北飛航情報區。台北航管中心於是指示他將高度降到兩萬九千呎，希克斯隨即將飛機油門收回，讓飛機開始緩緩降低高度。五分鐘之後，希克斯又向台北航管中心報告飛機正通過馬公多向導航台（VOR）台北航管中心便指示希克斯下降高度到一萬一千呎。

九點十一分時，希克斯通知台北航管中心，飛機正通過新竹電台上空。此時台北航管中心將那架波音七二七的管制權交給台北近場台，台北近場台與希克斯取得聯絡之後，指示它繼續降低高度，以五千呎高度通過桃園電台，兩千呎高度通過外信標（Outer Marker），用儀器降落系統（ILS, Instrument Landing System）對松山機場十號跑道進場落地。

九點十八分，就在那架波音七二七接近外信標時，台北近場台按照航管程序，將那架飛機的管制權交給松山機場塔台，並通知希克斯與松山塔台聯絡。

希克斯聽到近場台的指示後，把飛機的無線電通話波道換到松山機場塔台向塔台報到，並要求落地指示。塔台管制員隨即指示他繼續以儀器降落系統進場，並告訴他當時松山機場的風向、風速及高度表設定值等。塔台要求希克斯，等他目視機場的進場指示燈後再呼叫。希克斯當時很平靜的回應訊息收到並了解。這是希克斯最後一次與外界聯絡。

就在這個時刻，希克斯犯下了一個嚴重的錯誤。根據進場程序，他必須以兩千呎的高度通過外信標，但是他在下降的過程中沒有注意到飛機的高度，他完全不知道當飛機接近外信標時的時候，高度只剩下五百餘呎。在這樣的高度，飛機的儀器

民航空運公司林口墜機事件中，該機的主輪觸地之後，飛行員立即加大馬力，想挽救飛機。（圖：張崇斌提供）

降落系統無法攔截到下滑道（Glide Path）的訊號，根本無法執行自動進場。而離譜的是，駕駛艙內沒有一個人注意到飛機高度太低了，儀器進場的指示燈並沒有由黃轉綠。

飛機通過林口時，高度只剩下三百五十呎，儀錶板上的警告燈在這時亮起，副駕駛黃伯謙看到了警告燈之後喊了聲：「高度！」想要提醒希克斯飛機的高度已經低到危險的程度。但希克斯並未理會他的警告。坐在臨時組員位置上的第歐也看到了警告燈亮起，他也提醒希克斯，飛機的高度似乎偏低。可是第歐誤認為飛機那時已經通過了外信標，正在接近松山機場跑道，所以他也沒有再進一步去干涉希克斯的操作。

在後面的客艙，空服員開始對旅客廣播，通知旅客飛機即將在松山機場落地，要求旅客們將安全帶繫妥……

這架波音七二七繼續降低高度，左翼先撞上了一棵大樹的樹尖，整架飛機抖動了一下，喪失了更多高度。坐在客艙中段的高永齡感覺到了那一陣很不尋常的抖動，下意識地抓緊了座椅旁邊的扶手……

很快地，那架波音七二七的主輪就接觸到了林口的田地，飛機在崎嶇不平的田地間顛簸著前進，此時駕駛艙裡的每一個人都突然意識到飛機已在機場以外的地方著陸了！希克斯詛咒了一聲後大叫：「Max Power！（最大馬力）」同時將油門推桿向前推去，機械員張崇斌急著將馬力配置調好，將發動機的動力調到最大。

三具 JT-8 噴射發動機在經過幾秒鐘的滯性之後，開始加速②，飛機再度得到昇力。希克斯緊張地將駕駛盤拉回，希望飛機能安全的重新飛上天空。然而在那片田地的盡頭有一間農舍，飛機才剛開始爬高，左邊主輪就撞上了農舍。巨大的撞擊力使得飛機左翼頓時下垂，機身向左偏去，撞進了一片相思樹林。

飛機的餘速讓飛機在樹林中又衝刺了一百餘英呎之後才停了下來，機翼內的油箱被撞破了，漏出的航空汽油接觸到高熱的發動機後立刻被點燃，周遭的樹木更成了最好的助燃物，頓時這架客機就籠罩在一片火海之中。

飛機摔在泥濘的地上。（圖：張崇斌提供）

飛機剛觸地之際引發的劇烈震動，讓客艙裡的高永齡以為飛機的起落架損壞了或是爆胎了。他由機窗外望，不料卻只見漆黑一片，根本看不到熟悉的跑道燈及機場大廈，正要感覺到奇怪，就聽見飛機發動機的聲音加大，飛機再度加速時所產生的G力把他向後壓在椅背上面。他雖然對飛行沒有絲毫概念，卻也被這一陣劇烈的震動、發動機過大的噪音及不尋常的G力嚇到了，直覺認為飛機即將墜毀。他閉上雙眼，緊抓住座椅扶手的雙手已露出青筋，心中不斷的祈求著上蒼，千萬別讓前一次墜機的惡夢重演……千萬別讓前一次墜機的惡夢重演……

飛機震動的幅度持續增加，就在高永齡覺得自己在劫難逃、那致命的撞擊隨時會出現的時候，飛機卻猛然向左邊偏轉，然後一陣巨響與震動，飛機停了下來。他睜開眼睛一看，發現機艙內已經起火，他立刻將安全帶解開，翻過旁邊的兩位旅客，對著記憶中的緊急出口處衝去。然而還沒走幾步，他就發現機身已經斷裂，裂口正在他前面，由火光中他看到他所站的機身似乎距離下方的地面還有五、六公尺的高度，但現在根本顧不得了，毫無懸念縱身一跳，落在下方濕軟泥濘的地面。等他由地面站起來時，發現身上的大衣已經著火，於是立刻脫掉大衣，拚了命往沒有火的地方跑。

張崇斌由他的座位上看不到飛機撞上什麼，但是由那巨大的撞擊力他知道最糟糕的事已經發生。在發動機的吼聲及機身在樹林被撞擊的雜音之間，他似乎聽到了第歐在他身後的咒罵與哭嚎，那時他已不在乎第歐在呼喊些什麼了，他知道飛機即將墜毀，在那生死一線的當兒，他沒忘記身為飛行組員的職責，他將發動機的油門及電門關掉，然後雙手抓住工作枱邊緣，等待飛機墜地時更大的撞擊。幾秒鐘有一個世紀般的長久，當那似乎毫無止境的衝撞終於停止之後，張崇斌趕緊將安全帶解開，站起來要將駕駛艙的門打開。這時他聽到第歐的呻吟，他轉身看到第歐所坐的臨時組員座椅已被摔到一邊，左臂擠在座椅與機身之間，無法脫身，而希克斯似乎

飛機墜毀後又起火焚燒。（圖：張崇斌提供）

次日的現場。（圖：張崇斌提供）

也被擠在機長座椅與儀錶板之間，他想藉著雙手抓住駕駛盤，將自己由駕駛座上站起來，卻無法使勁。

張崇斌看到這種情況，馬上彎過身試圖將兩位美籍飛行員拉出困境。此時副駕駛黃伯謙也已經從他的座椅上站起，於是張崇斌就與黃伯謙兩人合作，費了許多力氣先將希克斯拉出座椅，然後三個人再一起用力，把第歐的左臂由座椅與機身之間拉開。

晚上九點二十分，松山機場的塔台覺得民航空運公司的七二七客機應該已經飛抵內信標了，從塔台上也應該可以看到那架飛機才對，但夜空中卻看不到它的航行燈，也沒有聽到那架飛機呼叫目視機場。松山塔台於是開始急切呼叫那架飛機，回應的是一片沉默。九點二十六分，塔台還是無法聯絡到那架飛機，這時大家知道情況嚴重，於是立刻通知民航空運公司及台北航空站飛航安全組：來自香港的波音七二七已經失蹤。塔台也與空軍作戰司令部聯繫，詢問空軍的雷達上有沒有那架飛機的蹤跡。

高永齡跑了一陣子，才敢回過頭來看看飛機失事的現場，整架飛機都已籠罩在一片火海之中。他看著那個有如煉獄般的火焰，實在不敢相信他在短短的一百天之中經歷了兩次飛機失事的慘劇，而他竟然都能活著出來。他立刻就覺得這是他母親平時燒香拜佛起了作用，上蒼才會特別的眷顧他。

此時另外幾位逃出來的旅客走到高永齡身旁，彼此互相訴說著由破碎機身中逃出來的經歷。幾個人說著說著走到一條路上，遠遠竟然看到有一輛計程車亮著燈開過來，於是他們攔下計程車，要司機往台北開。

空軍的雷達上沒有那架飛機的蹤影，但在林口的一處空軍單位卻向作戰司令部報告，一架大型客機在附近墜毀，作戰司令部判斷墜毀的飛機就是失去聯絡的波音七二七，於是在九點五十分的時候通知松山塔台：民航空運公司來自香港的波音七二七，已在林口附近墜毀。

松山機場的民航空運公司辦事處獲悉飛機墜毀後，一時不知如何將這個噩耗通知在機場等待接機的親友人群，只得繼續以「飛機誤點」應付在場的客人。

高永齡等人所搭的計程車駛抵台北，先將高永齡帶到台大醫院治療，然後繼續帶著另外兩位客人前往松山機場，因為他們知道家人還在機場等待迎接他們。

兩位客人到達松山機場，下了計程車，渾身泥濘的衝進機場候機大廳，見到那裡一群正等待接機的客人後，立刻對著那些人大吼了一聲：「不要等了啦，飛機已經在林口摔下來了！」

現場眾人聽了先是一怔，再看到他們渾身狼狽的樣子，才猛然會過意來，連忙圍了過去，想打聽墜機確實的情況。民航空運公司的職員先是斥責那兩人胡說，等他表明他就是那架飛機上的乘客，民航空運公司才不得不承認飛機真的已經墜毀。

此時這些親友們心中的憤怒可想而知，他們先是圍在公司的櫃台前面要求公司給個說法，但繼而想到眼前的當務之急是先了解自己在飛機上的親人或朋友是否在墜機後獲救，於是又匆匆趕往各大醫院，去尋找他們本來該在機場迎接的客人。

那天機上乘客及空勤組員共有六十三人，當晚送到台北各大醫院的只有四十二人，其餘包括希克斯夫人及空服員鄧蓓蒂的二十一人，不幸在這場空難中喪失了寶貴的生命。

空難第二天上午，民航空運公司內部主管飛行安全的部門就趕到醫院對第歐、黃伯謙及張崇斌三人問話，想了解飛機是在什麼情況下失事墜毀。不問還好，一問才發現原來駕著飛機撞到地面的不是別人，就是公司航務處的高級職員希克斯！

這個發現讓民航空運公司的管理階層震驚不已。雖然希克斯是公司的員工，也是合格的飛行員，但這種隨興在飛行中更換飛行員的行為，根本是將飛行安全當成兒戲；而更換飛行員之後，竟然造成了飛機失事的慘劇，實在是讓公司不知如何面對那些罹難者的家屬。

公司內部緊急會商決定：為了公司的聲譽，這個事實必須隱瞞。因此先告誡三位飛行組員一定要封口，接著悄悄的將希克斯的名字放到該次班機的執勤組員名單上，這樣如果「空中隨意更換飛行員」這件事被人發現的話，公司至少還可辯駁說希克斯本來就是該班次的派遣人員。

自從波音七二七型客機於一九六三年首飛以來，民航空運公司的空難是該機型第七架失事的飛機，因此波音公司對這次失事相當重視，立即派出專家由西雅圖總公司前來台北協助失事調查。

波音公司的專家抵達台灣之後，在我國民航局官員陪同下前往失事現場。波音公司專家在現場問出的第一個問題就是：黑盒子及駕駛艙錄音機這兩個儀器找到了沒。沒想到，當時民航局的官員竟然還不知道飛機上有這種裝備！

原來美國聯邦航空總署在前一年（一九六七年）三月才開始要求飛機製造公司必須在客機上安裝黑盒子及駕駛艙錄音機。而那架失事的波音七二七是當時全世界第一批裝有這些飛航記錄器的飛機。

飛機失事的現場範圍不大，所以很快就找到了黑盒子和座艙通話器。那時台灣沒有解讀黑盒子資料的能力，因此黑盒子被送回美國原廠解讀，而駕駛艙錄音機裡的錄音帶就在台灣解讀。波音的專家及民航局的官員可以清楚聽到希克斯在飛行中要求坐上駕駛座。至此，外界終於知道飛機墜毀時，坐在正駕駛座位上的並不是機長第歐，而是乘客希克斯。

民航空運公司出面回應表示，希克斯是公司的航務處副處長，原本就被安排在那架飛機上執勤，所以在飛行中與第歐互換座位，並不是很特別的事。公司並將當天飛行組員的派遣單呈上，作為這件事的佐證。

雖然民航空運公司聲明第歐將駕駛飛機的重任交給希克斯「並不是很特別的事，」但是參與失事調查的台北地檢處檢察官徐承志，卻由民航公司所提供的資料中看到了一些「很特別的事」。

徐承志覺得那份飛行組員派遣單好像有點問題，因為派遣單上第歐、黃伯謙及張崇斌等三人的名字是用打字機打上去的，而希克斯的名字卻是用筆寫上去的。其次，徐承志發現飛機旅客名單上竟然也有希克斯的名字，這很明顯的顯示希克斯原本在那架飛機的身份僅是「旅客」。由這兩項證據，徐承志覺得這件事有繼續追查下去的必要，於是對駕駛艙中的組員展開偵訊。

張崇斌面對檢察官的詢問時，覺得在法律前必須誠實作答，免得被控做「偽證」，於是他將當天的希克斯如何坐上駕駛座的經過，原原本本告訴了檢察官。

第歐在被詢問時則表示，飛行途中換位子是事實，那是因為希克斯是航務處的副處長，是他的直屬長官，也是一位合格的波音七二七飛行員，因此從他的角度來看，希克斯完全有權命令他讓出駕駛座。至於希克斯是否是原本派遣的組員，根本無關緊要。

檢察官偵訊幾位飛行組員的同時，美方已將黑盒子的資料解讀完畢，把資料送回台灣。根據黑盒子的資料，失事調查人員在當年三月四日發表了失事報告，明確指出希克斯在飛機通過馬公、開始降低高度之際，並沒有注意及控制好飛機的高度。近場台明確的指示他必須以兩千呎高度通過外信標，但他在外信標之前的高度就已低於五百呎以下，因此這次飛機失事的主要原因就是「飛行員疏失」。

檢察官根據飛機失事報告的內容及幾位飛行組員的證詞，開始慎重考慮第歐及希克斯兩人應否為這次飛機失事導致二十一人死亡的事，負起刑事責任。

首先，飛機失事時是由希克斯在駕駛，因此徐承志考慮的是：在這件失事案件中希克斯所負的刑責該是「業務過失致人於死」或是「過失致人於死」？這兩者區別就是希克斯到底是不是原先公司所指派的飛行組員之一。如果他真是當初所指派的飛行員，那麼他該負的刑責該是前者，否則就是後者。

至於第歐要負什麼刑責，則比希克斯要複雜得多。因為第歐身為正駕駛，卻委棄職守，將駕駛重責交給乘客希克斯，以致飛機失事，其行政上的責任實難辭其咎。在另一方面，希克斯是公司的航務處副處長，也確實是波音七二七的合格飛行員，如果不是因為希克斯的輕忽，飛機該不會失事，所以第歐將飛機交給希克斯駕駛時，並沒有預料到飛機會失事。這種情況下，第歐是否該負刑責是問題之一。

第二個問題則是：希克斯雖然是波音七二七的合格飛行員，但如果他並不是在原本的飛航組員派遣單上，而僅是飛機上的旅客之一，則第歐將飛機的駕駛重任交給他，以致該機失事，那麼第歐是否要負刑責？

台北地檢署經過幾天的考慮，終於在一九六八年三月五日將第歐及希克斯兩人提起公訴，且禁止兩人在審判期間離境。

起訴書指出，第歐身為機長，負有整架飛機及所有機上人員安危之責，但他卻擅自將駕駛飛機的重任交給非公司指定的飛行員駕駛，導致飛機墜毀與二十一人罹難，因此他犯了「業務過失致人於死」的刑責。而那架飛機失事時擔任操作的希克斯，只是機上一名乘客，並非該機之正駕駛，因此並不是「從事駕駛業務之人」，所以應負「過失致人於死」的刑責。

希克斯的妻子在空難中罹難，遺體已運回美國，即將在美國舉行葬禮。因此他向檢察官請假，要帶著兒女回到美國參加妻子葬禮，並表示他會在葬禮後立刻返回台灣。可是檢察官以他有棄保潛逃的可能，拒絕了希克斯。

在法庭上，希克斯對於檢察官指控他以旅客身份登上駕駛座駕駛飛機一事回應說，他是公司的航務處副處長，也是波音七二七的合格駕駛員，他有權命令第歐將飛機交給他駕駛。

而希克斯及第歐兩人在庭上也指出，這次空難的原因，究竟是由於松山機場ILS導航系統有問題，抑或飛機本身就有毛病，實在應該進一步查證。他們也同時質疑，民航局在那麼短的時間就提出的失事調查報告，報告的內容可能未盡完善。

而法庭指出，波音公司的專家對我國的失事調查報告也沒有任何意見，足見該份報告內容沒問題。至於飛行員提出的松山機場 ILS 導航系統有問題，檢察官則反駁，當晚八點到十點的兩個小時內，一共有八架飛機利用那個系統落地，並未發現 ILS 系統有問題。

就在雙方在法庭上為誰該為飛機失事負責爭論不休的時候，國際民航機飛行員協會（Air Line Pilots Association, International, ALPA）竟然也進來插了一腳。該協會在當年五月二十六日為了這件事發出聲明：「如果因為二月十六日民航空運公司飛機失事，而交付審判的兩名航空公司駕駛員被判刑，那麼國際民航駕駛協會將採取行動，抵制台北。」該會認為，如果那兩位駕駛員被判罪，民航駕駛員「顯然會害怕飛往台北，他們很可能拒絕飛往該地。」

這種直接威脅的言論，似乎起了一些作用，當時徵信新聞報的記者劉永寧先生在回憶這件事時，表示在一九六零年代末期我國為了保住聯合國的席位，每年都讓政府頭痛萬分，很害怕因為任何一件事而在聯合國丟掉一票。劉永寧記得非常清楚，國際民航機飛行員協會發言之後，他在報社內接到上級的電話，叫他此後對兩位飛行員受審的事情冷處理，少報導。

審理數月，台北地方法院於一九六九年一月二十日做出判決：被告第歐、希克斯兩人均判無罪。理由是：法律規定不論正駕駛是否親身操縱，都應負整架飛機的安全責任，表示法律並沒有規定正駕駛必須親自操縱飛機，而又沒有任何法令禁止正駕駛讓其他飛行員來駕機的規定。再說希克斯確實持有飛行人員執照及波音七二七型機檢定證書，具有駕駛該型飛機之能力與經驗，又身為該公司航務處副處長，第歐讓他來操縱飛機，在法律上沒有過失可言。希克斯駕駛飛行時，第歐是坐在希克斯之後，隨時注意觀察飛行儀錶，監督飛行，當他發現警告燈發亮時，也立即警告希克斯保持高度，因此不能說他沒有注意防止意外發生，飛機在他警告希克斯之後，隨即墜落，是不能防止之事，因此法律上不認為第歐在這件失事中有任何過失。

至於法院認為希克斯在這次失事中不需負責的原因是：這次失事是在夜間下雨的情況下發生，希克斯在惡劣天氣下產生錯覺，這種錯覺現象，是人類生理上的正常反應，任何人都無法預防，因此在這次飛航中並沒有應注意而未注意的情形。法律在無法證明希克斯有任何疏失的狀況下，只得判他無罪。

這種判決，很難不讓人想到是因為政治的考量影響了法院，讓兩位飛行員開脫。兩人雖然恢復自由身，卻無法回到他們的飛行本行，因為民航局在發布失事調查報告的第二天（三月五日）就將他們的飛行執照吊銷。

而民航空運公司則在飛機失事之後，在沒有噴射客機可用的情況下，只好把該公司所有國際航班取消，僅僅維持島內的班機營運。不幸的是島內的客源有限，收入無法維持公司的運行。最後，這家在台灣營運了十八年的航空公司，終於在當年五月結束了所有的空運業務。

俗話說：「一個人或一家公司的成功，並不是偶然的。」因為在成功的道路上，有著太多的失敗與挫折。民航空運公司在亞洲是第一家進入噴射時代的民航公司，曾經是國際民航市場上一顆耀眼的明星。不過，它的失敗卻真是一種偶然，出事當天在那架波音七二七的座艙裡，希克斯隨性的一句話「你起來，讓我來飛這架飛機！」卻造成了那家公司的倒閉。

轉眼至今，那件空難已是五十餘年前的故事了，目前社會上一般人都已不復記得那件空難，就連知道民航空運公司的人也是寥寥無幾。但是已屆退休年紀的鄧藍棣，每次經過台北市中山北路二段原民航空運公司的辦公大樓時③，總會想到他的姊姊，以及那個沒有點著蠟燭的蛋糕。那是他心中永遠的一個痛！

我訪談張崇斌先生的時候，他給我看了一份相當詭異的民航空運公司宣傳小品。那份宣傳小品是一九六七年九月印製的，上面有公司的地址、電話與前往香港、東京及大阪的票價，另外還印上了自一九六七年十月往前六個月的月曆。其中最詭異的部分就是，在那六個月的月曆裡面，原本應該包含一九六七年的十月、十一月、十二月、一九六八年的一月、二月、三月，可是結果卻印成了一九六七年的十月、十一月、十二月、一九六八年的一月、二月及五月。

換句話說，本來應該出現的一九六八年三月及四月，竟然被跳過了，沒有出現。張崇斌說，那份宣傳小品在印製的時候，經過公司一層又一層人士的檢視、許可，然而卻沒有任何人發現這份月曆有錯誤。冥冥之中這彷彿是一個定數，暗示著公司會在一九六八年的三月、四月停止一切國際航線，而且在五月間倒閉關門，未來不再需要公司的月曆了。

1史稱「兩航事件」，詳情請閱讀本書作者所著之「復興航空創辦人，陳文寬的冒險歲月」一書。

2噴射發動機與汽車引擎不同。噴射發動機的油門加上之後，要等幾秒鐘才會獲得動力，開始加速。

3編按：現址為商辦金融大樓，在蔡瑞月舞蹈社附近。

國家圖書館出版品預行編目資料

消失的航班：美國航太專家解密當代民航七宗驚人懸案 / 王立楨著. -- 初版. -- 臺北市：遠流, 2019.8
面； 公分
譯自 The Vanished Airliners：Seven Cases of Discoveries, Disappearances, and Baffling Events in Modern Commercial Aviation History
ISBN 978-957-32-8577-9(平裝)

1.航空事故 2.航空史

198.57　　107019025

消失的航班：美國航太專家解密當代民航七宗驚人懸案

The Vanished Airliners: Seven Cases of Discoveries, Disappearances, and Baffling Events in Modern Commercial Aviation History

作者 王立楨／責任編輯 陳希林／行銷企畫 高芸珮／封面設計 李東記／內文構成 6宅貓／發行人 王榮文／出版發行 遠流出版事業股份有限公司／地址 臺北市南昌路2段81號6樓／客服電話 02-2392-6899／傳真 02-2392-6658／郵撥 0189456-1／E-mail: ylib@ylib.com／著作權顧問 蕭雄淋律師／2019年8月01日 初版一刷／定價 平裝新台幣330元（如有缺頁或破損，請寄回更換）／有著作權・侵害必究 Printed in Taiwan／ISBN 978-957-32-8577-9／YLib 遠流博識網 http://www.ylib.com

Photos Used with Permission:
TWA 747-100 on cover and in color page: Propfreak Photography／B-777 on cover: Allen Zhao／C-46 cutaway diagram and cockpit in Chapter 2: Larry McClellan, http://legendsintheirowntime／C-46 cutaway diagram in color page: Larry McClellan, http://legendsintheirowntime／Malaysia Airlines 9M-MRO in color page: Allen Zhao／Malaysia Airlines 9M-MRD in color page: Steven Austen／PAN AM Boeing 727 in color page: TOM BRIGGS, https://www.pbase.com/image/80175744／Korean Airlines Boeing 707 in Chapter 6: Andrew Heninen, http://heninen.net 本書照片版權所有